写作的逻辑

从清晰表达到高效沟通

[日]仓岛保美——著　甘菁菁 柳慕云——译

Yasumi
Kurashima

人 民 邮 电 出 版 社

北 京

图书在版编目（CIP）数据

写作的逻辑：从清晰表达到高效沟通 /（日）仓岛保美著；甘菁菁，柳慕云译. -- 北京：人民邮电出版社, 2021.3

ISBN 978-7-115-55488-8

Ⅰ.①写… Ⅱ.①仓… ②甘… ③柳… Ⅲ.①写作—方法 Ⅳ.①H052

中国版本图书馆CIP数据核字(2020)第245673号

内 容 提 要

本书是基于逻辑学、认知心理学的写作入门书。作者结合欧美大学开设的逻辑类写作课程，从人脑理解信息的"心智模型"出发，通俗地讲述了"如何使用清晰、准确的语言进行表达""怎样构建易读易懂、有说服力的文章结构"等内容，向读者传授了工作报告、技术报告、论文等逻辑类文章的写作方法。本书兼顾逻辑写作的基础知识与应用训练，可以帮助读者快速掌握逻辑类文章的写作方法。

本书适合有写作需求的职场人士阅读，也可作为本科生、研究生撰写论文的参考资料。

◆ 著　　　　[日] 仓岛保美
　　译　　　　甘菁菁　　柳慕云
　　责任编辑　武晓宇
　　装帧设计　broussaille 私制
　　责任印制　周昇亮
◆ 人民邮电出版社出版发行　　北京市丰台区成寿寺路 11 号
　　邮编　100164　　电子邮件　315@ptpress.com.cn
　　网址　https://www.ptpress.com.cn
　　固安县铭成印刷有限公司印刷
◆ 开本：880×1230　1/32
　　印张：8.125　　　　　　　　2021 年 3 月第 1 版
　　字数：138 千字　　　　　　2024 年 9 月河北第 12 次印刷
　　著作权合同登记号　图字：01-2020-5291 号

定价：69.00 元
读者服务热线：(010)84084456-6009　印装质量热线：(010)81055316
反盗版热线：(010)81055315
广告经营许可证：京东市监广登字 20170147 号

前　言

● **学习国际通用的写作方法**

本书旨在介绍国际通用的文章写作法——段落写作法。

段落写作法是针对逻辑类文章的写作方法。这种方法适合构思和撰写报告、论文等逻辑性强的文章（本书稍后将说明段落写作法为何适用于这些文体）。欧美的大学从大一开始就会开设至少为期一年的写作课，教授以段落写作法为核心的逻辑写作方法。

段落写作法需要系统学习。仅靠在字典上查查什么是段落写作法是学不会这种方法的，所以欧美的大学生至少需要学习一年。但日本的学校教育并不重视段落写作法，没有几个日本人能用段落写作法写出好文章。可以说没有学过段落写作法的人，很难写出逻辑清晰、易读易懂的文章。

● 写作能力对商业项目的影响

　　文章写得如何，有可能会对商业项目的结果产生影响。下面举两个例子。

　　我还是上班族时，同事曾拜托我对比我们公司和其他三家公司的提案。撰写提案的同事自认为写得很用心，但是客户最终采用的却是竞争对手的提案。同事接受不了这个结果，希望我能对比四份提案后找出我们公司提案的问题。

　　仔细阅读四份提案后，我认为 T 公司的提案写得最好，果不其然，客户最终选择的就是这家公司。当然，事先我并不知道这个结果。T 公司的提案最接近逻辑写作的形式。当然，用逻辑写作的形式去写提案，未必就能合作成功。但逻辑写作的形式，可以清晰、准确地呈现和传达相关内容，从而帮助客户读懂提案，提高提案获得客户青睐的可能性。

　　另一个例子有关"挑战者"号航天飞机爆炸事故，这个例子说明，文章写得不好有时会导致灾难性的后果。"挑战者"号航天飞机爆炸前（1986 年），就有 NASA（美国国家航空航天局）

的工程师提交报告，指出航天飞机内的 O 型环失效，建议更换新的 O 型环。但是由于这份报告的撰写质量不高，并未将问题的严重性清晰地传达到高层，失效的 O 型环没有得到及时更换，最终导致爆炸发生。如果这名工程师的报告写得足够好，也许就能避免这一悲剧的发生。

本书的结构和阅读方法

● **本书的结构**

本书由三章构成。

第 1 章　意思为何无法被清晰传达？如何改进？

第 2 章　用段落去写作

第 3 章　商务写作实战

第 1 章围绕写作中存在的普遍问题以及段落的重要性展开讲述。本章将首先说明为什么有的文章意思传达不清晰，写作者为何又会误认为自己的意思被清晰传达了；其次，将介绍什么是段落，段落为什么重要；最后讲解为什么有的文章让人觉得清晰简洁、易读易懂。

第 2 章将详细介绍段落写作法的七大规则。每条规则分别由"写作要点""实例""效果""写作诀窍""注意事项""反例和修改范例""理解与练习"七部分构成。本章除了介绍写作方法外，还将通过具体例文和写作实战帮助读者理解、掌握对应的方法。

第 3 章将介绍段落写作法在商务文章写作实战中的应用范例。本章将以未经整理的原始数据为材料，来实际撰写商务文章。通过这种实战场景下的训练，能进一步帮助读者加深对段落写作法的理解。除了实践范例外，本章还将对照第 2 章的七大规则，具体讲解如何把文章写得更好。

● **本书的阅读方法**

本书按照本书所介绍的写作方法撰写 ①。在这种结构下，读者可以用"跳读"的方式快速浏览本书。

本书按照"第 2 章 用段落去写作"中的七大规则撰写（参照下页图）。文章中的每一小节的开头都有一个"总论"，来概括该小节的内容。总论的段落（后文中简称为总论段。另外，分论的段落简称为分论段）之后，每一个主题都分别由一个单独的段落来论述。所有段落的开头都有概要句，概要句之后是具体的补充内容。各个段落，由各段概要句之间的逻辑关系衔接。

---

① 本书只有专栏部分没有按照本书介绍的写作法撰写。专栏部分类似随笔。

因此，若您读完每小节的总论后想了解更多相关内容，就可以继续往下阅读，反之则可以跳过。本书中的总论都使用了较细的黑体字。部分较简单的小节省略了总论。关于总论，本书会在"第 2 章 用段落去写作"中的"1 文章开头先写总论"（见本书第42 页）中详细说明。

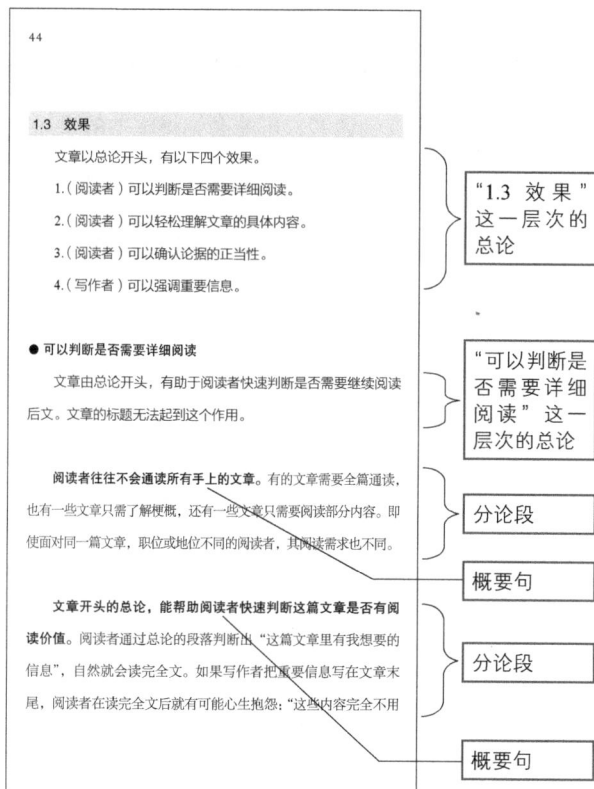

44

1.3 效果

文章以总论开头，有以下四个效果。

1.（阅读者）可以判断是否需要详细阅读。

2.（阅读者）可以轻松理解文章的具体内容。

3.（阅读者）可以确认论据的正当性。

4.（写作者）可以强调重要信息。

"1.3 效 果"这一层次的总论

● **可以判断是否需要详细阅读**

文章由总论开头，有助于阅读者快速判断是否需要继续阅读后文。文章的标题无法起到这个作用。

"可以判断是否需要详细阅读"这一层次的总论

阅读者往往不会通读所有手上的文章。 有的文章需要全篇通读，也有一些文章只需了解梗概，还有一些文章只需要阅读部分内容。即使面对同一篇文章，职位或地位不同的阅读者，其阅读需求也不同。

分论段

概要句

文章开头的总论，能帮助阅读者快速判断这篇文章是否有阅读价值。 阅读者通过总论的段落判断出"这篇文章里有我想要的信息"，自然就会读完全文。如果写作者把重要信息写在文章末尾，阅读者在读完全文后就有可能心生抱怨："这些内容完全不用

分论段

概要句

　　若您想继续阅读某一小节，可以先阅读该小节每段开头的概要句；若想了解更多内容，则可以继续阅读对应段落中的详细内容，反之则可以跳过该段落。本书中，每段的概要句都使用了较粗的黑体字。关于概要句，本书会在"第2章 用段落去写作"中的"3 段落开头先写概要句"（见本书第100页）中详细说明。

　　本书的各部分内容，读者都可以根据自己的具体情况来"跳读"。相关知识储备丰富的读者，可能会觉得本书的讲述过于详细。书中的一些重复性说明和表达，也可能会让一些读者觉得啰唆。所以，请根据您的实际情况大胆地"跳读"本书。

目　录

xii

第 3 章　商务写作实战　197

第 1 章

意思为何无法被清晰传达？
如何改进？

我们经常会读到很多表意不清晰的文章。有的文章虽然写作者自认为写得很清楚，但阅读者却读不明白。要想写出意思清晰的文章，我们就需要重视"段落"这一概念。同样，我们还要知道为什么有的文章让人觉得清晰简洁、易读易懂。

1 意思不清晰的文章

本节要点

　　现实中有不少这样的文章：写作者努力想传达自己的意思，但实际上意思并没有传达到位，而写作者还误以为自己的文章清晰明了。想要写出表意清晰的文章，需要进行系统学习和训练。写作能力不会自然形成和提升，无法"水到渠成"。

1.1　意思真的传达清楚了吗？

　　你写的文章，能清晰传达你的意思吗？表意清晰的文章必须满足三个条件。

　　1. 30 秒内传达要点。

　　2. 让人在短时间内读懂详细内容。

　　3. 逻辑清晰且具有说服力。

● 30 秒内传达要点

　　表意清晰的文章能在 30 秒内传达文章的要点。一篇读到最后都让人搞不清结果或结论的文章，绝对不是表意清晰的文章。

阅读者拿到一篇文章后，首先会判断这篇文章是否值得一读，哪部分内容应该优先阅读（见下面的流程图）。阅读者不会按顺序阅读手中的所有文章。有的文章需要仔细研读，有的文章只需要读个大概。有的文章需要立刻读，有的文章推迟几天读也无妨。不是所有文章都必须一字不落地立刻读完。

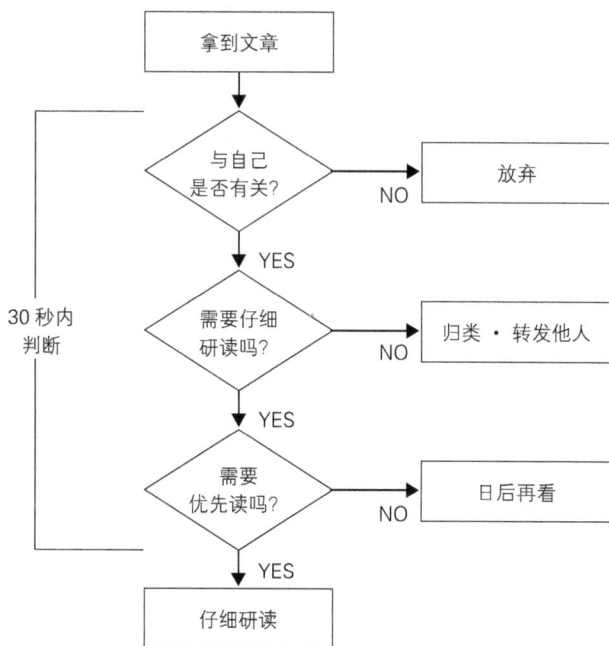

```
          ┌──────────┐
          │  拿到文章  │
          └──────────┘
                │
                ▼
            ◇与自己◇          ┌────────┐
            ◇是否有关?◇ ──NO──▶│  放弃   │
                │             └────────┘
               YES
                │
                ▼
            ◇需要仔细◇         ┌──────────────┐
  30秒内     ◇研读吗?◇ ──NO──▶│ 归类·转发他人  │
  判断          │            └──────────────┘
               YES
                │
                ▼
            ◇需要◇           ┌────────┐
            ◇优先读吗?◇──NO──▶│ 日后再看 │
                │            └────────┘
               YES
                │
                ▼
          ┌──────────┐
          │  仔细研读  │
          └──────────┘
```

为了方便阅读者迅速做出判断，表意清晰的文章务必要让阅读者在 30 秒内读懂要点。据说很多企业的管理者最多只花 30 秒

4

判断读不读、要不要立刻读面前的文章，绝不会在这件事上浪费几分钟的时间。企业的管理者可能每天都要阅读上百份文件（包括邮件）。对于读不读、要不要立刻读一篇文章，仅靠文章的标题往往做不了准确判断。所以，阅读者才会花 30 秒左右来判断。

阅读者职位越高，最初的 30 秒就越重要。因为这些人要处理的报告堆积如山，处理不及时就会耽误工作进程。如果一份报告读了 30 秒还读不到要点，那么领导估计会训斥下属："你到底要说什么？从结论说起！"

但是如果是学业类文章，往往就不会出现阅读者需要判断是否要阅读文章的情况。因为学业类文章的阅读者是老师，老师要打分就必须读完全文，这是大前提。学业类文章的阅读者只限定为一人，而且这名阅读者肯定会读完全文。对于商务类文章，其阅读者是谁，阅读者会怎么阅读，往往无从知晓。所以，商务类文章的写作方法自然也与学业类文章截然不同。

● **让人在短时间内读懂详细内容**
表意清晰的文章，即使包含了详细的内容，也能让阅读者在短时间内快速读懂。需要耗费大量时间来阅读的文章，不能称之为表意清晰的好文章。

阅读者都想在尽可能短的时间内读完文章。或者更准确地说，应该是阅读者压根儿就不想读文章。虽然不想读，但是为了获取文章里的信息又不得不读。既然读文章是迫不得已之举，那阅读者自然希望能早点读完。

为了方便阅读者快速读完文章，表意清晰的文章会区分"应当读"和"可不读"的部分。当然，是否应当读，具体还要看阅读者是谁。老员工看来是"可不读"的内容，对新员工来说也可能是"应当读"的内容。表意清晰的文章，应当让每一位阅读者都能快速找到自己需要的内容，高效获取相应信息。

● 逻辑清晰且具有说服力

表意清晰的文章，能够用清晰的逻辑引出结论且令人信服。如果逻辑混乱，或者逻辑上缺少条件，就不能称之为表意清晰的文章。

阅读者有时需要依据文章做决策。例如提案文章和分析报告。提案文章是阅读者是否采纳该提案的依据，分析报告则是下一步行动的依据。

为了方便阅读者做出决策，文章需要有清晰、合理、令人信服的逻辑。要想传达清晰的逻辑，就要用逻辑写作方法。凭靠感觉信笔写下的文章，往往无法传达清晰的逻辑。另外，要让阅读者信服文章的逻辑，还需要提供必要的条件、信息作为支撑。但是，如果对条件、信息不加整理，想到哪就写到哪的话，它们也无法形成有力的支撑证据。

1.2 你是否误认为自己的文章清晰明了？

很多人都认为自己写的文章清晰明了，各位读者可以看看自己是否有过以下想法。

1. 自己能读懂，所以别人应该也能读懂。

2. 别人读不懂是因为他没好好读。

3. 我是按照书里教的方法写的，所以肯定很好懂。

● **你是否过于相信自己的感觉？**

自己读得懂，并不代表别人也能读得懂。文章要依据逻辑来写，而非感觉。

同一篇文章，写作者肯定比其他人更容易读懂。因为写作者在读自己写的文章之前，就对文章的结论、论述流程了然于胸。此外，写作者的大脑中还储存着文章中没有出现过的相关信息。在这些"背景信息"的干扰下，即便是不好读懂的文章，在写作者看来都是很好理解的。

但是，写作者认为简单的文章，对于阅读者来说有时却晦涩难懂。因为阅读者往往没有任何"背景信息"。而且，阅读者大多是按照文章的写作顺序阅读，如果结论写在文章的最后面，那么阅读者就不得不在不知道结论的情况下硬着头皮读文章。

对于写作者来说，最安全的写作方法是按逻辑写，而不是跟着感觉写。在"这应该很好懂"的感觉下写出来的文章，多会在清晰性、合理性、正当性上有所欠缺，阅读者未必觉得好懂。只有摆脱对感觉的依赖，学习写作方法，才能写出清晰简洁、易读易懂的文章。

● 你是否将责任推给了阅读者？

　　文章读不懂的责任不在阅读者，而在写作者。写作者不应该将文章难懂的责任归咎于阅读者的理解能力问题，而是应该反省为什么自己写的文章别人读不懂。

　　文章是单向沟通的交流方式，对于这种形式，沟通不畅的责任多在于发起方。这是因为，文章意思传达不清的最终"受害者"，正是作为发起方的写作者。如果产品介绍说不清产品的优势，顾客也许就会转向质量略逊一筹的其他产品。这种情况下，最头疼的人正是痛失商机的写作者。

　　写作者切勿将沟通的责任推卸给阅读者。写作者切忌有"你仔细读就能读懂""这么简单的东西都读不懂吗"等想法。需要阅读者仔细读才能读懂的文章不是好文章。好的文章即使粗略看一遍也能读懂。阅读者读不懂文章的责任在于写作者。

　　因此，当我们写的文章没有把意思传达清楚时，就需要反省自己的文章哪里出了问题。我们需要思考如何让所有人都能读懂自己写的文章。意思传达不清说明文章质量不高，这也是一种反馈，能够刺激我们去提升自己的写作水平。

● **你是否学习了一些错误的方法？**

　　领导教的方法，商务技能书里写的方法未必正确。我们应该跟着专业的写作课程学习、训练写作技能。

　　领导教的方法，商务技能书里写的方法未必正确。很多领导自己并未系统学过逻辑写作的方法。一大半的商务技能书的作者也没有相关的学习经验。领导也好，商务技能书的作者也罢，他们提倡的写作法多出于各自的喜好。况且很多过去所谓"正确"的写作方法，也已经不符合当下的社会趋势。

　　因此，我们要学的是有学术理论依据的写作方法，而不是经验型的写作方法。欧美已经将逻辑类文章的写作方法作为专门的学科来研究，如"技术写作"（technical writing）、"专业交际学"（technical communication）。这些学科主要研究如何写作才能实现高效沟通，其基础理论在研究领域已得到普遍认可。我们应该学习的正是这些有学术理论依据的写作方法。

专栏 >>> 管理层也未必会写文章

　　说到"不会写文章"，大部分人想到的是年轻员工，但实际很多老员工，甚至管理层也写不好文章。

　　我的前东家的老板曾给全体管理层布置了一个任务——阅读一篇有关丰田汽车经营理念的杂志文章，然后写一份报告谈谈"如何将丰田理念运用到自己的工作中"。

　　全体管理人员都提交了报告。管理人员中年轻的 37 岁左右，年长者 50 多岁，平均年龄 45 岁左右。

　　老板读了每个人的报告，然后在公司的主页上留下了自己的感想。

　　感想的第一条是："你们要多读点书！我根本看不懂你们写的是什么！"

　　这些管理层的平均工龄超过 20 年，但他们写给老板的报告却让老板感觉"根本看不懂你们写的是什么"。

　　所以，经验丰富的老员工也有可能不会写文章。写作水平不会随着工作经验的积累而提高。

1.3　文章为什么无法清晰传达意思

很多人写不出表意清晰的好文章，其原因主要有以下三点。

1. 没有系统学习过逻辑写作的基础知识。

2. 自认为靠积累经验就能写出好文章。

3. 学习方法有问题。

● **没有系统学习过逻辑写作的基础知识**

文章无法清晰传达意思的第一个原因，是写作者没有学习过逻辑写作的基础知识。

日本的学校教育中几乎没有教授逻辑写作的环节。初、高中就不提了，就连大学也是如此。大学教师要求学生写课程报告，但大学里却没有课程教学生怎么写报告。我曾做过一个面向大型企业的 100 名新入职应届生的调查，发现只有 1% 的人在大学期间上过报告和论文的写作课。

不知道写作方法，当然就不会写文章。学生不知道具体方法，就只能参考学长和朋友的论文照葫芦画瓢。但是，别人的论文写得也未必正确。最终，这些未必正确的写作方法便"代代相传"。

● 自认为靠积累经验就能写出好文章

文章无法清晰传达意思的第二个原因，是有的人认为只要多写自然就能提升写作水平。但写作水平并不会因为多写就能得到提升。

很多人认为，写作水平可以靠积累经验来提升。也就是写得越多写得越好。很多经验丰富的老员工往往对写作学习嗤之以鼻："写作方法？这是新员工才要学的东西吧!"

想让写作水平随经验的增加而提升，就务必需要反馈信息。只有你的文章的输出质量得到客观反馈，你的写作水平才能随经验的增加而提升。这就类似销售和开发技巧。销售看的是销售业绩，开发看的是产品性能，这些都是客观反馈。如果你的文章的输出质量低，就要有意识地学习或吸取别人的经验，这样才能提升自己的输出质量。当文章质量获得提升后，需要再去确认新的反馈。写作水平就可以在这个重复的过程中得到提升。

　　但是现实情况中，大部分文章得不到反馈。对于大部分写作者来说，文章写完就意味着结束。自己的文章水平究竟如何，往往无法得到客观的评价。写作者就无法了解自己的文章是否优于他人，也无从得知自己的写作水平与之前相比是否有所进步。

　　文章得不到反馈，写作者就会持续输出低质量文章。文章得不到反馈，写作水平也就无法跟随工作经验的增长而提高。所以，才会出现前文中提到的那种情况，即管理层写出的文章，老板完全看不懂（见本书第 10 页专栏：管理层也未必会写文章）。大学教师也一样，他们可能没有系统学习过写作，只是因为工作需要而大量撰写文章。在这种得不到反馈的情况下，写作者只会大量"生产"出难读难懂的文章。

● **学习方法有问题**

　　文章无法清晰传达意思的第三个原因，是我们只学了怎么写句子。即便我们提升了句子的写作水平，也无法提升文章的写作水平。

能不能写出正确的句子虽然很重要，但是仅靠这一点，是无法写出表意清晰的文章的。正确的句子指的是在语法层面上的正确，如"主谓是否一致""标点符号是否正确"。但是句子里细微的语法错误并不会影响意思的传达。阅读者读不懂一篇文章并不是因为句子的语法有问题。

同理，漂亮的句子也和文章是否表意清晰没有必然联系。漂亮的句子指的是"用词准确、简洁""不过多使用生僻词"的句子。文章中的句子能做到简洁、凝练当然最好不过，但是这并不意味用词重复就会让文章表意不清晰。

专栏 >>> 别被欧美商务技能书"蒙骗"了

———————————————————————

在欧美作家写的商务技能书中，对逻辑写作的讲解都是以"构建逻辑关系"为中心。但是，我希望大家不要被这种思想"蒙骗"。

欧美出版的商务写作技能书中，有很多构建逻辑关系的内容。例如"建立金字塔式的逻辑结构""总结时既不要遗漏，也不要重复"。这些内容本身没有问题，很多欧美商务技能书的日文译本，也在日本成为超级畅销书。

欧美的商务技能书提倡以"构建逻辑关系"为中心，是因为欧美读者都在学校里学过逻辑表达。如果书里教的都是学校里学过的内容，那书肯定卖不出去。为了体现商务技能图书的独特价值，这类书的内容大多是以"如何构建逻辑关系"为中心。

但是，对于从未学过逻辑表达的日本人，首先要学的应该是如何有逻辑地进行表达。只有掌握了逻辑表达的方法，才能和欧美读者站在同一起跑线上。所以，日本人学习逻辑写作，首先应该读的不是欧美的商务技能书，而是欧美学校里的逻辑写作教科书。

先学逻辑表达，再习逻辑构建，这才是正确的顺序。

2 段落写作法好在哪

本节要点

逻辑清晰、易读易懂的文章由段落构成。正确利用段落写作，可以让写作者快速、清晰、准确地传达意思，也有助于阅读者快速读懂文章。段落写作法是国际通行的写作方法。

2.1 什么是段落

本书所指的段落，是在一个段落（自然段）中只论述一个主题的文字布局形式。这种段落不同于文章的自然段、文意层次。

● **段落的定义**

本书所指的段落，是在一个段落中只论述一个主题的文字布局形式。一个主题对应一个段落。我们既不能把两个主题塞进一个段落中，也不能将一个主题拆分成两个段落。

本书所指的段落，原则上由一个概要句和多个补充信息的句子构成（见下页图）。概要句位于段首，阐明段落的主题。补充信息位于概要句之后，用来详细说明段落的主题。补充信息可以使用多个句子，有时候也会以图表的形式出现。

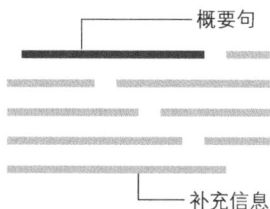

● **本书所指的段落的特点**

本书所指的段落，与一般意义上的段落有相似之处，但也有特别规定，即每个段落限定一个主题，且每段有一个概要句。

本书所指的段落，与一般意义上的段落有相似之处。《广辞苑（第6版）》（岩波书店）对段落的解释为："①对长篇文章进行分割所划分出的部分。段。②事物发展的阶段。"[①]维基百科网站对段落定义为："文章中最基本的单位，通常由多句话构成。"这些解释，都与本书所指的段落有相似之处。

[①] 《现代汉语词典（第7版）》（商务印书馆）对段落的解释为："（文章、事情）根据内容划分成的部分。"——编者注

本书所指的段落，每个段落限定一个主题。一般意义上的段落，在主题上没有什么特别规定。在语文教学中，这种一般意义上的段落多被称为自然段。除了自然段外，语文教学中还存在一种按照内容结构划分的逻辑段。本书所指的段落与逻辑段非常类似。

本书所指的段落，一定要有概要句。语文教学中的逻辑段，没有概要句的概念。这是本书所指的段落与逻辑段的区别之处。

● **段落不同于层次**

层次是段落的上位概念。层次由段落构成。

文章由层次构成，层次由段落构成（见下页图）。段落由句子构成，句子由单词构成。

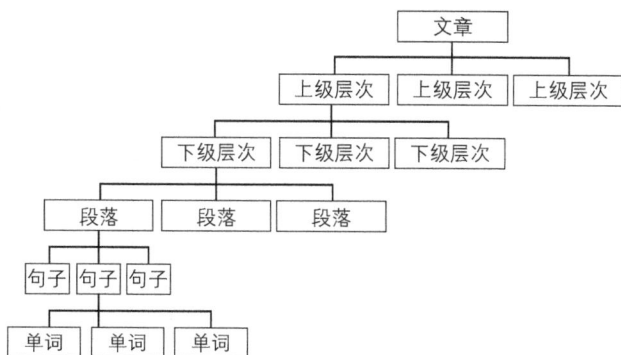

原则上每个层次由多个段落构成。以本书为例，书中以标题（如"●段落不同于层次"和"2.1 什么是段落"）区分出来的部分是层次，用空行区分出来的句群是段落。

不过也有一个层次只有一个段落的特例。这种情况多见于短文章。数十页的文章一般很少出现一个层次只有一个段落的情况。

汇总多个同级层次，可以构建出上级层次。例如"●段落的定义"的同级层次汇总在一起，就形成了上级层次"2.1 什么是段落"（见下页图）。而"2.1 什么是段落"的同级层次汇总在一起，就形成了上级层次"2 段落写作好在哪"。一般而言，这些层次从上至下分别是"章""节""项"。

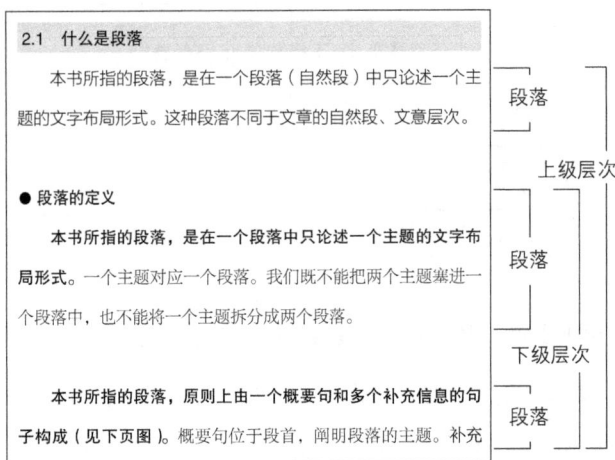

2.2　使用段落写作法的意义

　　使用段落写作法写出的文章逻辑分明、意思清晰。相反，对逻辑要求不高的文章，就无须使用段落写作法。

● 主题和文章排版的对应

　　段落写作法的最大特点是主题和文章排版的对应。将主题与排版对应，能让文章变得清晰易读。

使用段落，让逻辑结构中的每一个逻辑模块，都与文章排版中的文字模块保持一致（见下图）。每一个主题对应一个段落，也就是对应排版中的一个文字模块。排版中的文字进入下一个模块，就意味着文章的论述进入了下一个主题。

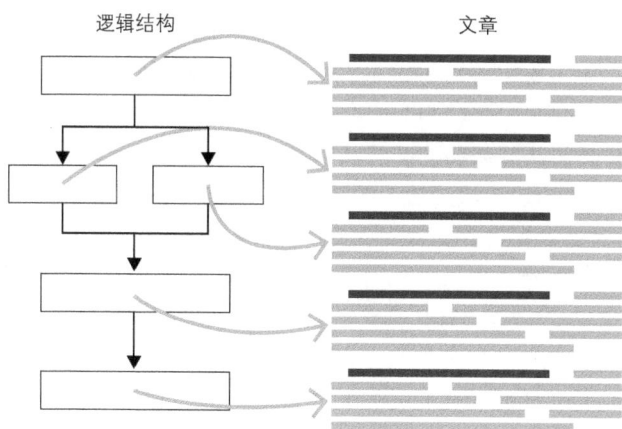

逻辑结构　　　　　　　　　　　　文章

让逻辑模块与文字模块保持一致，就能让文章变得逻辑分明、条理清晰。这种方法，可以使文章的逻辑结构在视觉上更加清晰，还可以让阅读者"跳读"文章，把握文章全貌，理解文章的整体逻辑。具体说明请参考"第2章 用段落去写作"中的"2每段只阐述一个主题"（见本书第74页）。

22

　　文章必须由段落组成，不能直接由句子构成（见下图）。每写一两句就换行的文章，势必导致文章的逻辑模块无法与文字模块一一对应。这会使文章变得不清晰，也不易阅读和理解。这一部分的具体讲解，也请参考"第 2 章 用段落去写作"中的"2 每段只阐述一个主题"（见本书第 74 页）。

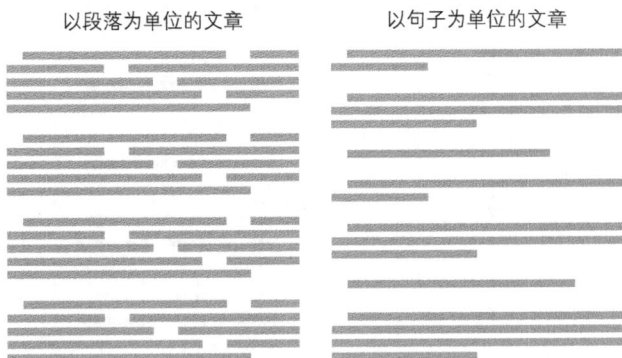

以段落为单位的文章　　　　　　　　以句子为单位的文章

● **写作方法要"因文而异"**

　　段落写作法针对的是逻辑类文章。逻辑类文章和普通读物类文章的写法各不相同。

　　逻辑类文章需要使用段落写作法。因为段落能构建出清晰的逻辑关系，让文章变得易读易懂。使用段落写作法写出的文章，可以让阅读者快速读懂文章的内容。所以在追求效率的商务领域，多使用段落写作法写文章。

对于普通读物类文章，以句子为单位来写作也没什么问题。因为普通读物类文章多是为了让阅读者放松心情、获得乐趣，而非为了传递信息、观点。这类文章在内容逻辑上的要求，不会像商务文章那样强烈。另外，这类文章的阅读者多会细细品读全文，文章也没有必要具备"可速读的结构"。所以，对于小说、散文等文章，无须使用段落写作法。

但是，大部分人不会区分逻辑类文章和普通读物类文章。很多人会使用写普通读物类文章的方法写逻辑类文章。造成这种现象的原因之一，是日本的学校教育中并不重视逻辑写作教学。很多语文老师的教学理念是"希望让学生体会到文学的乐趣"。所以，在语文课的写作教学中，逻辑写作教学一直处于边缘地带。

本书的逻辑性说明部分和随笔部分采用了不同的写作方法。逻辑性说明部分使用的是段落写作法，但随笔部分没有使用这种方法。

专栏 >>> 国际学会的论文审稿

_____

我还在公司上班时，曾受人之托审核过一篇要在国际学会上发表的论文。

这篇论文非常晦涩难懂。写作者很显然没有受过逻辑写作的专业训练，所以论文完全没有段落的概念，通篇由句子而非段落组成，读起来非常吃力。

我还读了一些用来参考的论文，其中一篇是我们竞争对手的公司（日本企业）员工写的论文，也很难懂。

但是这些参考论文中并非没有易读易懂的论文。有篇论文使用的就是段落写作法，作者是 IBM 公司的研究员。

决定论文通过与否的审稿人一般都是知名学者，他们审稿多是义务工作。审稿人都想尽快审完论文，早点回到自己的研究工作中。他们愿意花在阅读这些论文上的时间非常少，不太可能花费大量时间去认真研读这些论文。

这种情况下，写得不够清晰的论文，即便内容没问题，也可能会在审稿环节中败下阵来。

2.3　段落写作法是写作的国际标准

段落写作法是欧美学校的必修课，在事实上已经成为写作的国际标准。如果不用段落写作法撰写论文，那么你的论文可能很难通过国际学会或期刊的审核。

● **欧美学校的必修课**

欧美学生必须在学校里学习如何使用段落写作法写出逻辑清晰的文章。

欧美学生都在学校里学习逻辑类文章的写作方法。早的话小学就开始学，最迟也要从大学一年级开始花费半年到一年（一年的学习时间大约为 70 小时）的时间学习"学术写作""写作入门"等课程。因为如果不从大一开始学习这类课程，学生在进入高年级或成为研究生后就不会写报告和论文。

欧美写作课程的核心，就是学习段落的概念。翻翻学术写作教科书《学术英语写作》（*Writing Academic English*）就能发现，关于段落写作的内容占比很大。

第 1 章　写一个段落　约 100 页

此外，欧美的大学还设有专门机构，来检查学生的报告和论文。这些机构一般叫写作中心或者写作研究室。研究生院的助教负责在这些机构里检查学生的报告和论文。

● 写作在欧美是专门的研究领域

在欧美国家，写作是专门的研究领域。很多大学都开设了技术写作或专业交际学的研究方向，还会授予相关的硕士、博士学位。

● 段落写作法是国际标准

使用段落写作法撰写逻辑类文章，是欧美国家的通行做法。这里的逻辑类文章指的是商务文章和学术论文。国际学会上发表的论文基本都由段落写作法撰写而成。可以毫不夸张地说，国际学会上没有使用段落写作法的论文基本都出自日本人之手。

欧美国家的标准，在事实上已经成为国际标准。虽然欧美国家不是所有领域都占据世界中心的位置，但我们不得不承认，欧美国家占据了很多专业领域的核心位置。段落写作法作为一种学术研究成果，已经得到广泛应用，并在事实上成为国际标准。

3 文章易懂的基础

本节要点

　　本节将学习有关人类信息认知能力的三个要点。这种思考方法，将在后文学习段落写作法时反复出现。
　　·利用心智模型
　　·巧用强调
　　·精简信息

3.1 利用心智模型

　　认知心理学认为，人脑在接收外界信息后，会利用短期记忆和长期记忆构建出心智模型，以便于高速处理这些信息。要写出易懂的文章，就需要让阅读者能够在大脑中明确地构建出心智模型。

● 短期记忆和长期记忆

　　认知心理学认为，人脑会将进入短期记忆的信息，与长期记忆中的相关信息进行组合，再来进行处理。为了提高信息处理效率，人脑会提前激活保存在长期记忆里的相关信息。

短期记忆能保存 7±2 个信息约 20 秒。短期记忆，会暂时保存进入人脑的信息。这里所说的一个信息，是独立具有一种意思的信息单位。如果信息是毫无关联的数字或文字的罗列，短期记忆可保存 7±2 个数字或文字约 20 秒；如果信息是单词、词组的罗列，短期记忆可保存 7±2 句话约 20 秒。

长期记忆则几乎能永久保存信息。长期记忆里保存的是"记住"的信息。信息一旦进入到长期记忆中，几乎一辈子都不会被忘记。

人脑会利用保存在长期记忆里的信息，去处理短期记忆中的信息。外界信息经由眼睛和耳朵进入人脑，会被暂时保存在短期记忆中。但是，仅靠这些外界信息，人脑还无法完成信息处理。人脑还需从长期记忆中调取必要的相关信息，然后将其与输入的外界信息相结合，再进行信息处理。

打比方来说，短期记忆是"书桌"，长期记忆是巨大的"书库"。人脑在处理信息时，需要将信息摆到短期记忆这张"书桌"的桌面上。但是，仅靠眼睛和耳朵获取的外界信息，人脑还不足以完成信息处理。这时，人脑就需要从长期记忆这座巨大的"书库"中调取所需信息，并将其放到短期记忆这张"书桌"的桌面上，最后再完成信息处理。

例如，即使是"车遇红灯停"的这类简单的信息，人脑也要同时使用短期记忆和长期记忆中的信息来处理。此时，进入短期记忆中的信息只有"车遇红灯停"。但是阅读者要想理解这句话的意思，就需要从长期记忆中调取大量的相关信息（见下页图）。本例中的相关信息就是"什么是车""什么是交通信号灯""交通信号灯的红灯代表什么"，人脑记住了这些内容，也就是保存在长期记忆里，必要时把这些信息调出来，就可以理解"车遇红灯停"这句话了。

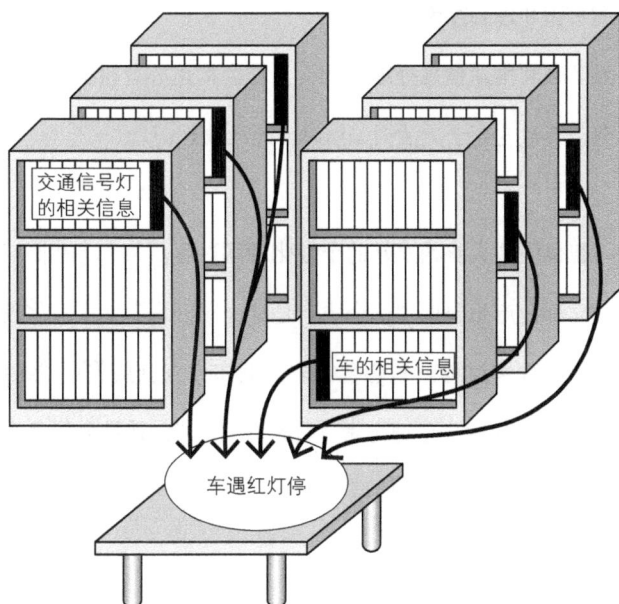

为了高速处理信息，人脑会事先激活长期记忆中的相关信息。 我们可以这样理解激活：将长期记忆这座巨大的"书库"中可能用得上的相关信息，搬到靠近"书库"门口的位置。长期记忆中储存着海量信息，在这座庞大的信息库中检索信息势必要花费时间。所以，将可能用得上的相关信息提前搬到"书库"的门口，一旦需要使用，就可以迅速调用了。

● **心智模型和理解过程**

为了顺利推动信息处理过程，人脑会构建心智模型。构建心智模型，其目的在于激活相关信息，高速处理信息。

心智模型是人脑构建起的个性化理解过程。每个人在面对外界信息时都会产生类似"这个原来是这么一回事"的个性化理解过程，这一理解过程就是心智模型。例如当人脑接收到"红灯"这个信息后，脑就会迅速思考"红灯是什么"，并且会想象出其功能和形象。这就是心智模型。

人脑构建心智模型是为了高速处理外界信息。人脑接收外界信息后，会在形成自己的理解的基础上构建起心智模型。在心智模型的指导下，人脑会事先激活与接收到的外界信息相关的信息。这样一来，阅读者的脑中就会产生一种预测：接下来可能会使用到那个信息。如果接收的信息与预测的信息一致，人脑就能使用事先激活的相关信息，快速完成信息处理。如果接收的信息和预测的信息不一致，人脑就需要修正心智模型，信息处理速度随之下降（见下页图）。

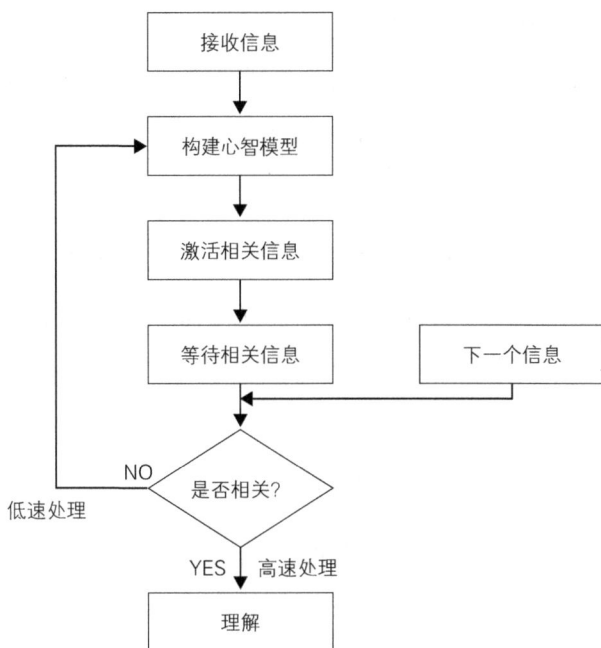

例如，当阅读者读到"这辆车闯红灯了"时，就会自动在脑海里构建起相关的心智模型。 阅读者会将这句话理解成"这辆车因为某种原因没有在红灯时停车"，这就是心智模型。而此时大脑会迅速激活相关可能的原因，例如"赶时间""打瞌睡没看见红灯"。接着，大脑会在激活的信息基础上预测"文章接下来会说闯红灯的原因"。如果下文出现的内容与预测一致，那这部分内容对于阅读者来说，就会变得简单易懂。

● 利用心智模型写作

　　要想文章表意清晰、易读易懂，就需要帮助阅读者明确地构建心智模型，并按该心智模型的预测方向撰写文章。

　　帮助阅读者明确地构建心智模型，文章就要先写概要。阅读者先读到概要，才能在此基础上构建心智模型，接着大脑开始激活相关信息，然后快速处理之后的内容。

　　例如，若文章开头写明"本文由A、B、C三部分构成"，阅读者就会迅速在大脑中构建起相关的心智模型，对下文的理解也会水到渠成。阅读者读到开头这句话后势必想到的是："下文应该会按A、B、C的顺序说明，首先肯定是A部分。"这就是心智模型。要理解A部分所需的相关信息，已在大脑中成功激活并等待调用，于是阅读者在读到A部分时就能快速理解相关内容。

　　阅读者会根据心智模型预测下文，所以写作者需要按照阅读者的预测写作。如果开头写的是"本文由A、B、C三部分构成"，结果下文先出现的却是B部分，阅读者必然会大吃一惊，并产生疑惑："A部分去哪了？"

3.2 巧用强调

文章的开头和结尾是使用"强调"的最佳位置。写作者尤其
要在文章开头巧用强调。

文章的开头和结尾是使用"强调"的最佳位置。人参加活
动，往往在开头和结尾阶段会保持精神高度紧张。阅读文章是这
样，演讲也是如此。在演讲过程中，观众很少会一开始就打瞌
睡，大多是在演讲的中段开始松懈。但是即使观众走神儿、睡着
了，也多会在演讲最后的总结阶段回过神儿来。

**文字模块的开头和结尾，也是使用"强调"的好位置（见
下页图）。**开头和结尾处的强调，不仅限于一篇文章，也可以用
在文章的每个层次、每个段落上。每个层次的首尾两段用来强
调，每个段落的首尾句子也可以用来强调。甚至再往下细分，我
们还可以说句子由单词构成，所以每句话的首尾单词也可以用来
强调。

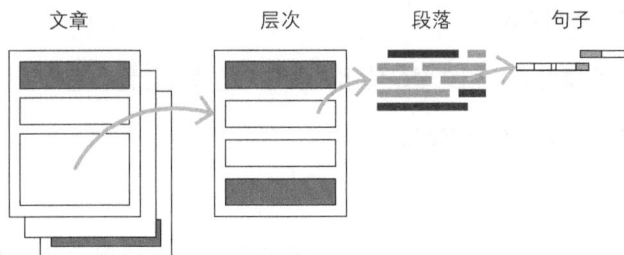

开头的强调比结尾的强调更重要。这是因为，我们无法确保每位阅读者都会通读全文，阅读者可能随时放弃阅读。但无论如何，阅读者都得从头阅读一篇文章，所以写作者尤其需要重视开头的强调作用。

但是，如果是演讲的话，请着重考虑结尾的强调。因为演讲的大前提是，如无意外，观众出于基本礼貌会听完全场。在听完全场的情况下，观众自然对结尾内容印象更深刻。所以当你在做演讲时，还请在结尾处多下功夫。

专栏 >>> 写作与演讲的信息顺序差异

　　写作者无法确保阅读者会读完全文，所以写作时最好把重要的信息放在前面。这样的话，即便阅读者没有读完全文，也能至少保证阅读者读到一些重要的信息。

　　演讲的情况与写作不同。演讲的前提是观众会听完全场，所以不妨将最重要的信息放在最后。这也是为什么越来越多的聚会都将最重要的信息留到最后。不过商务合作的情况下，建议还是把重要的事情放到前面来讲。

3.3　精简信息

　　强调信息，重要的方法是精简信息。不过，有时也会刻意呈现大量信息来强调。

　　精简的信息，才能让人印象深刻。 因为精简的信息既能强调又好理解。如果写作者什么都想写，反而会掩盖重要信息。与其在文章中罗列出十条信息，不如将所有信息精简成三条。如果实在想呈现出十条信息，那也要将这十条信息分成三类。

　　当需要把信息精简到一定数量时，"三"这一数量的效果最佳。数量过多，不容易记忆。 但是，数量过少又容易被认为偷工减料，读起来往往让人意犹未尽。所以"三"就是不多不少最合适的数量。撰写报告时，将重要信息总结成三点，这样的效果最佳。简练的三点式总结，能令人印象深刻。

　　但是，当特意想强调数量之多时，也可以在文章中列举大量信息。 例如，想证明工作繁忙时，就可以悉数列举出自己所做的工作。如果想全面无遗漏，就要尽可能罗列所有内容。写作者也不必在意阅读者是否能记住这些内容，因为这时文章强调的是数量之多，而非内容本身。

第 2 章

用段落去写作

要想高效地使用段落去写作，需要遵守七大规则。

1. 文章开头先写总论。

2. 每段只阐述一个主题。

3. 段落开头先写概要句。

4. 补充信息强化主题。

5. 衔接前后段落。

6. 统一段落表达。

7. 由已知写到未知。

1 文章开头先写总论

　　文章要以总论开始。总论可以让阅读者快速判断是否需要继续阅读这篇文章，也有助于阅读者对具体内容的理解。灵活运用经典模板，可以轻松写出高质量的总论。

1.1　写作要点

　　将总论作为文章的开篇，其中应包含结果和结论等重要信息。 如果文章有多个层次，每个层次也需要各自的总论（见下图）。写作者根据总论的内容撰写分论的段落，最后再撰写结论的段落。

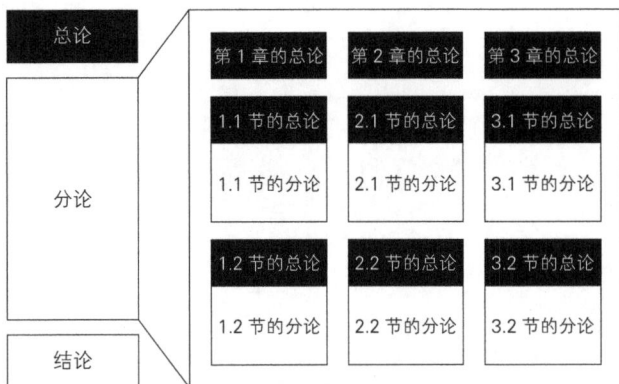

总论			
	第 1 章的总论	第 2 章的总论	第 3 章的总论
分论	1.1 节的总论	2.1 节的总论	3.1 节的总论
	1.1 节的分论	2.1 节的分论	3.1 节的分论
	1.2 节的总论	2.2 节的总论	3.2 节的总论
	1.2 节的分论	2.2 节的分论	3.2 节的分论
结论			

1.2 实例

下文以总论开头，之后通过分论的段落展开具体论述。

正值企业内部风险制度建立之时，我分析了日本风险企业失败率高的原因。其主要原因是投资公司数量过少，以及民众对稳定工作的偏好。

总论

建立企业内部风险制度是为了在企业内部培养创业人才，激活企业架构。大型企业"维持现状也能盈利"的特点，往往导致企业结构僵化，很多崭新的创意或具有创新天赋的人才就此埋没。这项制度的目的，就是发掘企业内部被埋没的创意和人才。

但是，除企业内创业外，当前日本的创业率非常低。美国的创业率为13%，欧洲各国多为4%～8%，而日本只有1%，在发达国家中垫底（见下图，图省略）。

日本创业率低的原因是，投资公司投资风险企业时多持保守态度（后文省略）。

分论

1.3　效果

文章以总论开头，有以下四个效果。

1.（阅读者）可以判断是否需要详细阅读。

2.（阅读者）可以轻松理解文章的具体内容。

3.（阅读者）可以确认论据的正当性。

4.（写作者）可以强调重要信息。

● **可以判断是否需要详细阅读**

文章由总论开头，有助于阅读者快速判断是否需要继续阅读后文。文章的标题无法起到这个作用。

阅读者往往不会通读所有手上的文章。有的文章需要全篇通读，也有一些文章只需了解梗概，还有一些文章只需要阅读部分内容。即使面对同一篇文章，职位或地位不同的阅读者，其阅读需求也不同。

文章开头的总论，能帮助阅读者快速判断这篇文章是否有阅读价值。阅读者通过总论的段落判断出"这篇文章里有我想要的信息"，自然就会读完全文。如果写作者把重要信息写在文章末尾，阅读者在读完全文后就有可能心生抱怨："这些内容完全不用看得这么细""这些我都知道呀"，等等。

文章每个层次的总论，有助于阅读者判断是否需要阅读该层内容。尤其在面对长篇文章时，有的阅读者可能只想阅读某一部分内容，所以每个层次的总论也很重要。

文章的标题无法帮助阅读者判断是否需要继续阅读全文。当我们看到题为《业界动向分析》的文章时，能知道它分析的是业界动向。但是仅靠这个标题，我们无从得知分析结果是否是自己已经知道的信息，是否需要进一步详细了解这个结果。此时，我们就需要比标题更详细的信息。

● **可以轻松理解文章的具体内容**

文章由总论开头，有助于阅读者轻松阅读下文。

阅读者读完文章开头的总论后，就会在大脑中构建起心智模型（见本书第 32 页），这自然有助于理解文章的具体内容。读完总论后，阅读者就会预测文章接下来会出现的内容，大脑中的相关信息成功激活，再读后文的内容就会比较轻松。

例如，若报告的开头写明"如今业界有 A、B、C 三种趋势"，这就十分有助于阅读者理解全文。阅读者看到这句话后，会迅速在大脑中构建起心智模型——文章接下来应该会依次详细说明 A、B、C 三种趋势。大脑首先激活与趋势 A 相关的信息，于是阅读者就能比较轻松地理解趋势 A 的相关说明。趋势 A 的说明结束后，大脑又会构建起新的心智模型——接下来的内容是趋势 B，这篇文章已经读了三分之一。大脑会不断确认当前的进度，并预测后文内容，这会让阅读者感到这篇文章易读易懂。

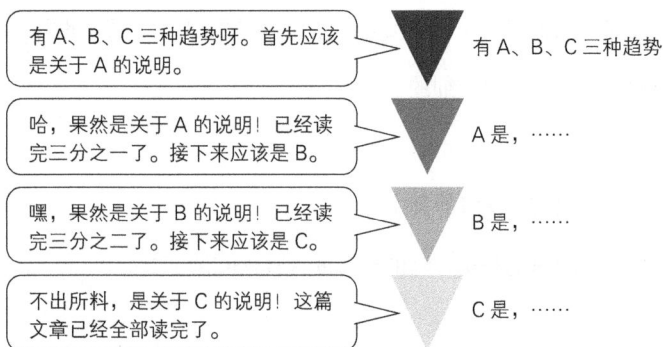

有 A、B、C 三种趋势呀。首先应该是关于 A 的说明。	有 A、B、C 三种趋势
哈，果然是关于 A 的说明！已经读完三分之一了。接下来应该是 B。	A 是，……
嘿，果然是关于 B 的说明！已经读完三分之二了。接下来应该是 C。	B 是，……
不出所料，是关于 C 的说明！这篇文章已经全部读完了。	C 是，……

如果报告开头写的是"本文将介绍业界的趋势"，那这篇报告就很难懂。因为阅读者连有几种趋势都不知道，无法激活相关信息，理解难度随之增大。而且，阅读者读完第一种趋势后，也

不知道文章进行到哪儿了，无法预测全文还剩多少内容。

● 可以确认论据的正当性

文章由总论段开头，可以让阅读者确认文中的论据能否支撑写作者的主张。对于写作者来说，总论也许不是必需之物。但是对于阅读者来说，总论是必不可少的重要信息。

文章由总论开头，可以让阅读者先了解文章的主张，并能在之后的阅读过程中，确认分论段中论据的正当性。总论放在开头，阅读者可以先把文章的主张记在脑中，在阅读分论的段落时，就可以确认论据是否能支撑主张（见下图的左边部分）。

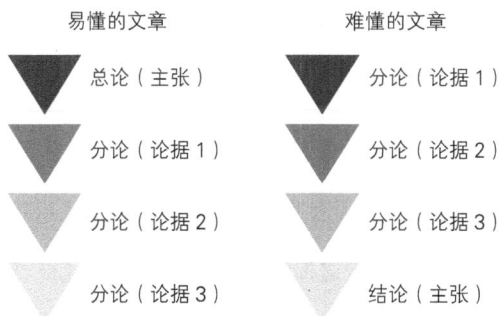

易懂的文章	难懂的文章
总论（主张）	分论（论据1）
分论（论据1）	分论（论据2）
分论（论据2）	分论（论据3）
分论（论据3）	结论（主张）

如果文章的开头没有总论，写作者多会把主张写在最后，这

样就很难让阅读者确认分论中的论据的正当性。总论若不在开头，文章最后一般会用总结的文字写道："综上所述……"遇到这类文章，阅读者就不得不在不知道主张的状态下，阅读主张的论据。阅读者也无法确认这些论据能否支撑文章的主张（见上页图的右边部分）。最后，阅读者在读到文末的主张后，又不得不回到开头重新确认："原来写作者想说的是这个呀。那我再回去看一遍这些论据对不对。"

写作者之所以喜欢把主张放在文末，是因为这种写作顺序更方便下笔。很多写作者的结论（主张），来源于调查阶段中得出的结果。在他们的调查笔记中，结论就在最后面。写文章时按照调查笔记的顺序下笔，确实会很方便。因此，不少人的文章也就多按照"调查方法——调查结果——结论"的顺序撰写。

但是，"把主张放在最后"的写作顺序，只会让写作者自己感觉方便。这是因为，只有写作者本人在动笔前就知道自己的主张是什么（见下页图）。这种隐藏的"背景信息"，很容易让写作者误认为自己写的文章很好懂。

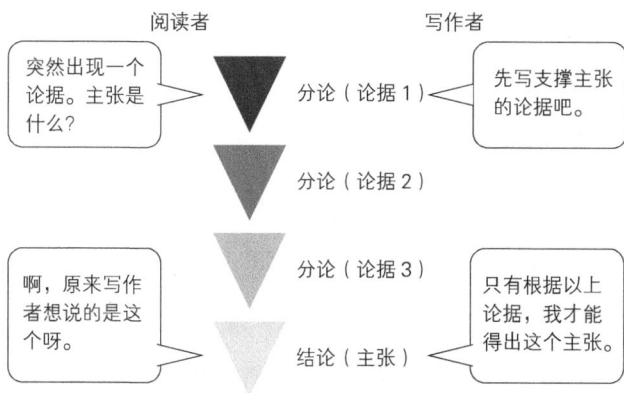

前文中，关于业界趋势的分析报告的例子也是同样道理。 对于写作者来说，在文章开头写一句"本文将介绍业界趋势"，确实就可以展开写作了，因为写作者从一开始就知道"现在业界主要有 A、B、C 三种趋势"。在写作者看来，没有必要先介绍这些趋势是什么。

因此，写作者不要盲目自信，认为自己写的文章好理解。 如果写作者写得毫无章法，那么文章呈现出的信息也会杂乱无章，但写作者可能觉得自己的文章很好懂。写作者之所以产生这种错觉，就是因为他们知道一些没有出现在文章中的"背景信息"。但是，在面对同一篇文章时，缺少这些"背景信息"的阅读者的感受会截然相反。

● 可以强调重要信息

文章由总论段开始，可以加深阅读者对重要信息的印象。文章的开头，是使用"强调"的最佳位置（见本书第 35 页）。绝大多数阅读者会从文章的开头开始阅读一篇文章，此时也是阅读者注意力最集中的时候。随着阅读的不断推进，很多阅读者就会跳过一部分内容，阅读者的注意力也会逐渐下降。

必要时也可以在文章结尾再次强调重要信息。但这是"也可以"，而不是"必须"。强调的位置，处于开头总是优于结尾，结尾的再次强调只是为了以防万一。

1.4 写作诀窍

总论中会简单介绍各个分论段落中的要点。总论的写法因文章类型而异，大致可以分为以下三类。

· 全文的总论（正式文章）。

· 全文的总论（非正式文章）。

· 层次的总论。

● **全文的总论（正式文章）**

在撰写报告或者提案等正式文章的总论时，可以使用经典模板。这种模板有时也能用在论文写作中。

总论的经典模板，是把总论分成目的和概要两个段落，一般由以下信息构成。

目的段	
现状或背景	撰写本文的契机
问题或必要性	想要解决的问题，撰写本文的必要性
目的	本文要写的内容
概要段	
结论和概括句	能表述最想传达之事的句子
重要信息 1	引出结论和概括句的信息 1
重要信息 2	引出结论和概括句的信息 2
重要信息 3	引出结论和概括句的信息 3
重要信息 4	其他重要信息（如有必要）

表中各条内容，都可以归纳为一句话（见下页的例子）。这样，总论整体上共有 8 句话，阅读完大约需要 30 秒。在正式报告中，因为文章整体篇幅较长，所以总论部分可以稍多于 8 句话。但总

体而言，要保证总论的阅读时间在 30 秒左右，不要超过太多。

例

在经济低迷的大环境下，依然有企业能飞速发展（背景）。我们公司在制定经营策略时，可以参照这类企业的成功经验（必要性）。因此，本文主要分析全国家电专卖店——Y家电飞速发展的原因（目的）。

Y 家电飞速发展得益于两大战略——开设大量大规模专卖店和构筑低成本体系（结论）。

开设大量大规模专卖店

为扩大销售额，Y 家电紧紧抓住了小型零售店被大规模淘汰的时机，在全国开设了大量大规模专卖店。与此同时，Y 家电制定了新的店铺陈列战略，在店铺展示、陈列预估的畅销商品。另外，Y 家电还利用可转债来筹措资金（重要信息 1）。

构筑低成本体系

为了降低成本，改革物流体系，提高商品配送和人员配置效率，Y 家电引进信息系统，提高高层决策效率，在与制造商的价格谈判中抢占主动权（重要信息 2）。

以上只是总论的写作模板，实际写作中需要根据实际情况灵活调整。对于阅读者很清楚的信息，可以大胆省略。例如"撰写本文的必要性"，在商务文章中经常省略。

这个模板也适用于撰写论文摘要（相当于论文的总论）。依照惯例，论文摘要为一个段落，所以需要把这些内容揉进一个段落中。这可能导致结论句出现在段落的中间位置，所以论文摘要的结论部分可以放在段末（强调位置）。论文摘要的重要信息，一般指的是论文的研究方法和结论。论文摘要的整体字数，可参照投稿期刊的要求。

> **例**
>
> 　　人脸识别技术作为一种生物体认证方法，凭借无须触碰机器、用户抵触情绪小、面部画像可以保存等一系列优势而受到广泛关注（背景）。但是过去的人脸识别技术运用在入户管理系统时，存在识别时间长，对光线、用户站立位置要求高，以及用户数过多时精确度下降等问题（问题）。因此，为了提高识别效率和精确度（目的），我们开发了动态捕捉面部特征的方法（重要信息：方法）。最终实现了1秒识别，以

及在 8 个月的时间内，光线变化下的精确度比旧技术提高 40% 以上（重要信息：结果）。在多用户的情况下，该技术将入户系统没有识别出户主的错误率降至 0.22%，将户主错认为他人的错误率降至 0.08%。这说明人脸识别安保系统可以运用到入户管理系统中（结论）。

● 全文的总论（非正式文章）

对于非正式文章，请将总论控制在一个段落之中。这里说的非正式文章指篇幅为一页纸左右的报告、电子邮件和小论文。

非正式文章的总论，写两到三句话比较合适。 阅读非正式文章的总论，花费 30 秒的时间还是太长了。非正式文章多短小精悍，如果短文章配上长总论，就会有头重脚轻之感。尤其是电子邮件，我们都是在电脑屏幕上读的，总论的篇幅过长，会降低阅读体验。

如果总论只有两三句话，那就需要从总论模板中选出必要的信息。 例如，可以像下面这样来组合要素。

- 背景和结论（总结）。

- 目的和结论（总结）。

- 结论（总结）和重要信息的提炼。

如果把前文那篇正式报告的总论（见本书第 52 页），转换成非正式文章的总论，那么写法就如下所示。

> **例**
>
> 　　本文主要分析全国家电专卖店——Y 家电飞速发展的主要原因（目的）。Y 家电飞速发展主要得益于两大战略——开设大量大规模专卖店和构筑低成本体系（结论）。

小论文的总论写法，和非正式文章的总论大致相同。围绕结论和重要信息，用两三句话概括要点。

> **例**
>
> 　　培养人才是企业参与市场竞争的重要课题（背景）。要培养出优于竞争对手的高质量人才，应从人才录用和人才培养这两方面着手（结论）。

56

电子邮件的总论，要围绕目的和重要信息，用四五句话概括要点。下文是周报邮件的总论示例。

例

以下为 11 月 13 日—11 月 20 日各项工作的进展情况（目的）。

· 山冈不动产公司的提案和展示文件已完成（重要信息 1）。

· 曙光建设公司的提案已讨论 60%（重要信息 2）。

· 商业展示参观和趋势分析报告书已完成（重要信息 3）。

另外，针对内田电装的问题反馈，我方已提供解决方案，等待对方的答复（重要信息 4）。

注：对于周报等需要定期撰写的文章，很多公司都有固定格式，大家可以按照公司的要求撰写。

● 层次的总论

层次的总论要控制在一个段落内，以 1 ~ 4 句话为最佳。有的层次不需要总论。

层次的总论，要将本层的重要信息归纳成 1 ~ 4 句话。层次的总论不同于全文的总论，无须将目的和概要分开论述。经典模板就是以重要信息为中心，用一个段落归纳所有内容。

例

本系统由相机及近红外光源相机组件，以及安装了 Windows 7 系统的计算机组成（概括句）。相机用来拍摄眼球运动，计算机用来控制相机机芯，同时从图像中计算出视线方向（重要信息）。

如果层次的内容较简单，则可以省略总论。例如，若该层次只有一个段落，那就不需要总论。只有一段文字，自然不用再写一段总论对其进行概括。有的层次有两三段，也可以不要总论，因为对于内容较简单的层次，即使没有总论也不影响阅读者对内容的把握。

如果标题能体现层次的主旨内容，也可以省略该层的总论。例如下页右上图中的第 4 章就不需要总论。虽然这一章没有总论，但我们可以从依次排序的标题看出，此文介绍的系统有变换、压缩、调试三种功能。

但是，如果层次的内容跨页，则不能少了总论。例如下图所示的第 4 章内容，就需要总论。这篇文章的每一小节都跨页，要想把握每小节的要点内容，就要不停地翻页。这时，在该层次的开头写上总论，会更方便阅读者阅读。

注：在有些情况下，上文中的 4.1 "变换"、4.2 "压缩"、4.3 "调试"

等各小节的内容，也都需要总论。

1.5　注意事项

撰写总论时需要注意以下几点。

· 与分论呼应。

· 与结论呼应。

· 内容要具体。

· 表述要简洁。

● **与分论呼应。**

　　总论中出现的信息，要依次在分论中详细说明。 原则上，总论中出现的信息必须在分论中详细说明。因为总论中的信息都很重要，凡是重要的信息都无法用一句话完全说清楚，因此需要更详细的说明。反过来说，如果用一句话就能完全说清的信息，大部分情况下也无须放到总论中。

　　分论中的信息，未必要全部写在总论中。 总论只写重要信息，一些不重要的信息放在分论即可。例如术语的定义和使用方法等内容，就只需写在分论中。

● 与结论呼应

原则上，总论和结论的内容应相同。同一篇文章的重要信息，不会在文章的开头和结尾出现差异。文章的开头和结尾，都是用来强调重要信息的。写作者不应在结论中写一些特有的内容。如果一定要有所侧重的话，写作者更应在总论的撰写上多花费一点心思。因为文章的开头谁都会看，但是我们没法保证所有阅读者都会读到结论部分。

因为总论和结论有重复，所以短篇文章可以省略结论。因为文章开头的强调优势更明显，所以总论需要保留。虽然省略了结论，但总论中有相当于结论的内容，这不会有什么问题。

● 内容要具体

总论需要具体阐述要点内容。因为很多阅读者只看总论，有的阅读者会根据总论的内容决定是否继续阅读下文。

总论中需要具体写出文章的结果和结论等重要信息。如果有重要数据，也要将其呈现出来。总论不能只写目的。只是重复标题的总论，则相当于什么都没写。

> **范例**
>
> **新型指纹传感器的原理**
>
> 新型指纹传感器，可以读取指纹凹凸纹理的散射光的明暗度，解决了以往的技术难题。

> **反例**
>
> **新型指纹传感器的原理**
>
> 本节将介绍新型指纹传感器的原理。

切记，很多阅读者只读总论。 只有出于工作需要的人，也就是某项工作的具体实施人员才会通读全文。领导不直接参与具体工作，所以通常只读文章的概要，合作部门的同事也只会阅读总论部分。

阅读者会通过总论判断是否继续阅读下文。 如果总论写得和前文中的反例一样，那么阅读者就无法判断这篇文章是否有继续阅读的价值。为了向阅读者传达文章的阅读价值，总论中的重要信息就要写具体，必要时还要添加相关数据。

● **表述要简洁**

　　总论中具体阐述要点内容时，还需做到表述简洁。总论中对信息进行提炼、归纳，才能起到强调的作用（见本书第 38 页）。如果撰写的是正式报告，那么要确保总论的阅读时间在 30 秒以内（8 句话左右）。非正式报告的总论以及各层次的总论，用两三句话来写即可。

专栏 >>> 逐步说明法就不需要总论了吗?

　　有人认为如果阅读者和写作者的主张相反,写作者就应该只在文末写结论。因为若先写结论,持相反主张的阅读者很可能不会继续往下读,文章也就无法说服对方。所以有人推崇逐步说明的写作方法。

　　也有很多商务写作书建议:"在这种情况下,要将重要信息放在最后。"

　　但实际果真如此吗?当阅读者拿到一份开头没有写明重要信息的报告时,他们真的会逐步阅读吗?

　　阅读者应该会先大致翻一下报告,然后从重要信息读起。因为如果不先读重要信息就无法判断这篇文章是否有阅读价值,无法判断应该从哪里开始读起。在不知道文章概要、方向的情况下,几乎没有人会耐心读完全文。

　　逐步说明法的前提是保证对方会从头到尾读完你的内容,这种方法适用于演讲。因为演讲的大前提就是听众会从头听到尾。但是如果换成文章,阅读者可以随意翻看,逐步说明法就行不通了。

1.6 反例和修改范例

● 反例：总论内容单薄

下文（引自某篇文章的第 4 章）的总论内容单薄（灰色部分）。这段总论只交代了背景和目的，没有呈现文章最想传达的模拟计算的结果。阅读者读完这段总论，虽然能了解计算的次数，但还是搞不清楚究竟是什么计算。

---

4. 关于财政危机的模拟计算

日本的财政危机正不断加剧，若再不积极应对，将走上欧洲财政危机的老路。因此，我们模拟计算了财政危机的三种情况。

4.1 不采取措施

不采取刺激内需和重建财政的政策，财政危机将进一步加剧，最终会导致财政破产的结局。财政危机加剧会导致三种后果：日元贬值、利率上升、消费低迷。日元贬值会提高实际 GDP 增长率，但利率上升和消费低迷又会拉低实际 GDP 增长率。按目前的情况计算，日本的实际 GDP 增长率将停留在 0.7% 的水平。同时，国债余额会增多，2025 年将达到 1438 万亿日元，占名义 GDP 的比例将达到 215%。

4.2 仅重建财政政策

只重建财政政策，也就是增加消费税，这项措施为避免财政危机进一步加剧，有可能会引发经济倒退。若要避免财政危机，就需要将消费税率提高至 30％。但是消费税率若提高至 30％，到 2025 年包括社会保障负担在内，国民负担率将由当前的 43％ 上升至 70％ 以上，而实际 GDP 的增长率则接近 0％。

4.3 刺激内需和重建财政并行

刺激内需和重建财政两项政策并行，可以保证经济的平缓增长，直至渡过财政危机。首先通过培育、扩大新产业扩大内需。与此同时将消费税提高至 15％。这样的话，国债余额占名义 GDP 的比例将下降 100％，实际 GDP 增长率能达到 1％。

出处：《财政危机的模拟计算》，日本财团法人电力中央研究所

这一章的总论只说明了文章的目的，但内容十分单薄。阅读者想知道的并非目的，而是结果和结论。同理，"下文将就 ×× 进行说明"的表达，也只是在说明目的。所以，除了文章的目的

之外，请直接明了地写出文章最想传达给阅读者的信息。

● 修改范例

上文的总论，参照了总论的经典模板，用目的（一句话）和结论（一句话）组成了一个总论的段落。在上文的例子中，文章的前一章应该已经介绍过相关背景，所以这一章的总论可省略。

---

4. 关于财政危机的模拟计算

针对财政危机今后的情况，本文对"不采取措施""仅重建财政政策""刺激内需和重建财政并行"三种情况进行了模拟计算。结果发现，只有"刺激内需和重建财政并行"才是应对财政危机的有效方法。

4.1 不采取措施

不采取刺激内需政策和重建财政政策（后略）。

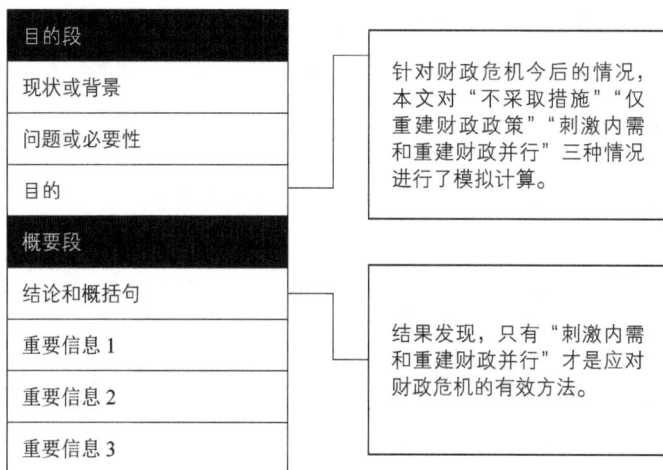

专栏 >>> **周报也需要写总论**

　　周报或月报等工作进展报告也需要写总论。周报或月报有总论的话，可以促进团队成员更好地沟通。

　　但是大部分人在撰写周报或月报时从不写总论，只是分条列出自己的工作内容。

　　没有总论的周报或月报，大概率没有人去读。假设一个 10 人项目组，每个人的周报或月报都会发到其他 9 人手中。面对 9 份罗列式的报告，会认真去阅读的人寥寥无几。

　　如果在周报或月报的开头写上总论，团队成员的沟通就会更顺畅。领导读了总论后，可以详细阅读他感兴趣的分论部分。项目的其他成员，基本上只要阅读总论，就能了解其他成员的工作进展情况。

　　周报和月报的总论，如果使用总论的经典模板，可以围绕"概要段"来撰写。总论的重要信息，可以归纳本周或本月内完成的重要工作。报告中如果再补充一些当前的问题，就能更方便领导或同事了解当前的工作情况。

1.7　理解与练习

假设你准备根据以下内容，起草一份选购公司车辆的提案（公司内部正式文件）。现在，请按照总论的经典模板撰写提案的总论。公司的所有相关员工都将阅读这份提案。

1. 你任职于某大型房地产公司（从事独户住宅的建造与销售）的销售部。

2. 销售人员在检查建筑设施、购买相关用品、带客户看房时都需要用车。带客户看房时，客户也要乘坐公司的车辆。

3. 目前公司使用的是 7 年前购买的 Doyota 公司的"星辰"款汽车，共 10 辆。

4. 随着公司业务的拓展，公司用车需求量上升。车辆数量不足导致员工出行时间和成本上升，也增加了商务往来的经费支出。

5. 因此公司决定增加车辆。

6. 在你负责调研候选的 8 家车企的 17 款车型中，哪款最适合作为公司的车辆。

7. 选购公司车辆时需要综合考虑成本、性能和安全性等因素。

8. Ponda 公司的"白鹰"款汽车的后备厢，能放下 6 个瓦楞纸箱。销售人员在购买和搬运工地用品时经常用到瓦楞纸箱。

9. "白鹰"为混合动力车，省油节能，每升油能行驶 32 千米。每年可比其他混合动力车节省 2 万日元油费，比小型车节省 8 万日元，比普通汽车节省 20 万日元。

10. "白鹰"内饰高级，适合接送客户。如果过于追求实惠，不利于树立公司形象。

11. 但"白鹰"价格稍高。单从车辆价格考虑，Gessan 公司的"虎鲸"款汽车更实惠。

12. 如果新购入的车辆能和目前使用的"星辰"一样使用 7 年以上，综合成本考虑，"白鹰"最经济实惠。另外，由于"白鹰"是混合动力车，还能享受减税和补助金等优惠政策。

提示

按照总论的经典模板，将总论分为目的和概要两个段落来撰写。目的和概要下面的每个要点，都用一句话来撰写。

目的段
现状或背景
问题或必要性
目的
概要段
结论和概括句
重要信息 1
重要信息 2
重要信息 3
重要信息 4

● **总论示例**

序

　　公司目前的车辆，是 7 年前购买的 Doyota 公司的"星辰"款汽车，共 10 辆。随着公司业务的拓展，公司车辆数量不足。因此，我们从 8 家车企的 17 款车型中选出了最优车型。

概要

　　基于以下考虑，我们推荐 Ponda 公司的"白鹰"款汽车。

> ·每升油可行驶 32 千米，省油节能。
>
> ·内饰高级，适合接送客户。
>
> ·后备厢可放入 6 个瓦楞纸箱。
>
> 虽然车辆价格稍贵，但该车型可享受减税、补助金政策，而且油耗低，综合考虑成本最低。

● 解说

目的段介绍了背景、问题和目的。每个要点都只用一句话，目的段整体为三句话。

背景：公司目前的车辆，7 年前购买的 Doyota 公司的"星辰"款汽车，共 10 辆。

问题：随着公司业务的拓展，公司车辆数量不足。

目的：从 8 家车企的 17 款车型中选出最优车型。

概要段在给出结论后，列举了重要信息。结论写明最终选中的车型。重要信息列举了选择的理由，以及针对可能出现的反对意见的反驳。

结论：推荐 Ponda 公司的"白鹰"款汽车。

重要信息 1：每升油可行驶 32 千米，省油节能（理由 1）。

重要信息 2：内饰高级（理由 2）。

重要信息 3：后备厢空间大（理由 3）。

重要信息 4：虽然车辆价格稍贵，但综合成本最低。（针对可
　　　　　　能出现的反对意见的反驳。）

重要信息，要做到一个要点一句话。 句子不能过短也不能过
长。切记不要只使用"低油耗"这样的表述，因为这种表述的信
息量过少。必要时，要点可以使用数据来支撑。

重要信息，需要按照某种顺序来排序。 一般情况下，要优先
列举成本信息。但是在这个例子中，仅凭给出的条件信息，我们
无法得知哪项信息最重要。所以这里可以按自己认为最有效的顺
序来排序。

**在重要信息中，加上针对可能出现的反对意见的反驳，会更
具说服力。** 也就是说，加上针对缺点的反驳。世上没有完美的车
型，在分析完优点后再加上对缺点的分析，会更有说服力。这是
提案中必不可少的一环。

2 每段只阐述一个主题

每段只阐述一个主题。主题和文章的排版相对应，会有助于清晰传达文章的逻辑。一个段落，通常使用 4 ~ 8 句话，在排版中占据一个文字模块（自然段）。

2.1 写作要点

每个段落，由阐述同一主题的多句话组成。也就是将一个思考单位（一个主题）放进一个文字模块中（见下图）。即使阅读者不读文章的内容，也能凭文章的排版判断主题在哪里切换。

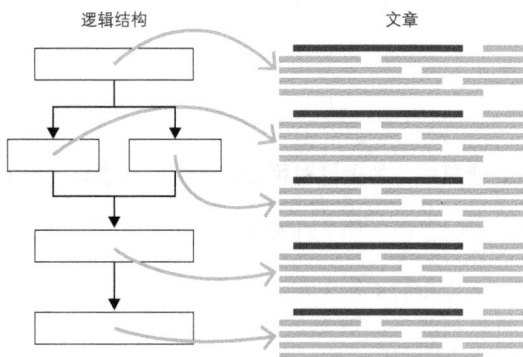

逻辑结构　　　　　　文章

2.2 实例

下文（总论已省略）使用的就是一段阐述一个主题的形式。

建立企业内部风险制度是为了在企业内部培养创业人才，激活企业架构。大型企业"维持现状也能盈利"的特点，往往导致企业结构僵化，很多崭新的创意或具有创新天赋的人才就此埋没。这项制度的目的，就是发掘企业内部被埋没的创意和人才。

但是，除企业内创业外，当前日本的创业率非常低。美国的创业率为13%，欧洲各国多为4%～8%，而日本只有1%，在发达国家中垫底（参照下图，图省略）。

日本创业率低的原因是，投资公司投资风险企业时多持保守态度。日本国内对风险企业的投资总额为734亿日元（2012年），仅为美国的1/40。风险企业一旦找不到投资就会破产。这种情况，又会让投资公司对投资风险企业的态度更加保守。创业者找不到投资，就不得不用自己的资金创业。这既增加了创业风险，也不利于创业氛围的形成（下文省略）。

2.3 效果

使用段落写作，有以下四个效果。

· （阅读者）可以正确理解文章的逻辑。

· （阅读者）可以快速阅读文章。

· （写作者）可以平衡多方信息。

· （写作者）可以使文章的逻辑更清晰。

● **可以正确理解文章的逻辑**

使用段落写作，能保证写作者的思考单位与文章排版保持一致，也有助于阅读者理解文章的逻辑。

人脑很难通过大量的句子理解文章的整体逻辑。如果文章是一大堆句子的集合，我们的大脑在处理这些信息时就会有困难，甚至可能会放弃处理。写满 A4 纸的一篇文章，至少有几十句话。人脑无法处理这几十句话中的所有信息。

因此，我们应当使用比句子更大的单位来帮助阅读者理解文章的逻辑。更大的单位意味着数量减少了，这样，人脑在信息处理上就相对轻松了。人脑短期记忆能处理的信息数量大约为

20 秒内 7±2 个（见本书第 29 页）。为了让信息数量少于这个数字，我们就需要更大的信息单位。

如果写作者能将思考单位以排版中的文字模块呈现给阅读者，文章的逻辑就能变得清晰易懂。不论是对于写作者还是阅读者，小单位的集合都会导致思考、理解上的困难，双方都需要更大的单位。这就催生了段落的出现。

● 可以快速阅读文章

阅读以段落为单位的文章，速度要远高于以句子为单位的文章。另外，以段落为单位的文章，重要信息也更容易被记住。

以段落为单位的文章，未必需要读完段落的全部内容。如果阅读者理解了某段的主题，或者某段的重要性比较低，就可以跳过该段（见下页图）。因为每段只阐述一个主题，所以同一段落内的前后部分主题肯定相同。如果阅读者已经读懂了该段，或者该段不那么重要，就无须阅读该段的全部内容。

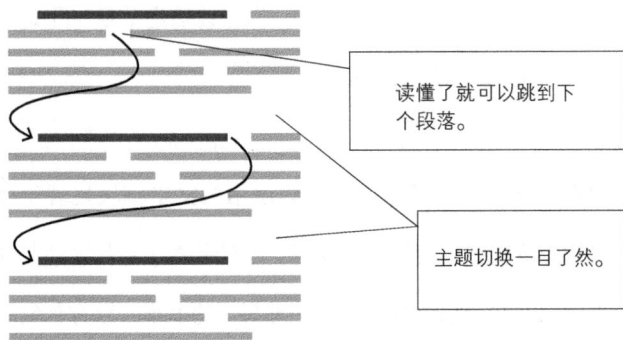

读懂了就可以跳到下个段落。

主题切换一目了然。

在大部分情况下，阅读段落的开头就能判断是否需要跳过这一段。因为段落的开头都是每段的概要句（见本书第 100 页）。阅读者读了概要句后，发现这段意思已经理解了，或者觉得这段不那么重要，就可以跳过该段后面的内容了。如果阅读者读了概要句后，感觉没有理解其内容，或者想了解更详细的内容，就可以详细阅读该段后面的内容。

使用段落，可以帮助读者明确"跳读"至何处。因为一个段落对应一个主题，所以阅读者"跳读"时，只需要看下一段的开头即可。没有使用段落写作法的文章，无法通过版面上的段落来定位主题。如果随意"跳读"，可能会漏读主题，或者重复阅读相同的信息。

段落读了一半再"跳读",也不影响对文章逻辑的理解。此时,阅读者已经读过段落开头的概要句,跳过的只是段落的后半部分内容。所以,阅读者依然能够把握段落的主题,也不影响对全文逻辑的理解。

"跳读"有助于加深阅读者对重要信息的印象。跳过不重要的信息,详细阅读重要信息,这可以加深阅读者对重要信息的印象。通篇阅读全文,不重要的主题有时会弱化重要的主题。

● 可以平衡多方信息

使用段落写作,写作者可以在写作中平衡多方信息。

段落可以让每个主题的篇幅情况一目了然。例如,在右图中能明显看出,第二段的内容过少,对主题的论述可能不够充分。写作者要考虑是否需要扩充这一段。这个过程可以提高文章逻辑的严谨性。

80

以句子为单位的文章（右图）很容易使文章中主题的论述出现不平衡的现象。这是因为，写作者无法清晰地意识到文章在何处发生了主题切换。这样一来，写作者全凭主观感觉就会导致有的主题论述过多，而有的主题论述不足。

● 可以使文章的逻辑更清晰

使用段落写作，写作者需要厘清逻辑结构后才开始动笔，这可以使文章的逻辑更清晰。

以句子为单位写作，多是想一句写一句。人脑的短期记忆无法保存所有信息。如果以句子为单位写作，写作者就只能以短期记忆内的信息构思文章，想一句写一句，再想一句，再写一句，如此反复（见下图）。

使用段落写作，写作者可以在写作前整合信息，对其进行**"模块化"处理**。如果不对信息进行"模块化"处理，就无法撰写段落。通过"模块化"处理后，信息得以分类合并，总体信息量减少，由此可以让所有信息要点都进入短期记忆。这样，写作者在写作过程中就能全局性地把握所有信息。写出的文章也能实现逻辑和段落上的对应（见下图）。

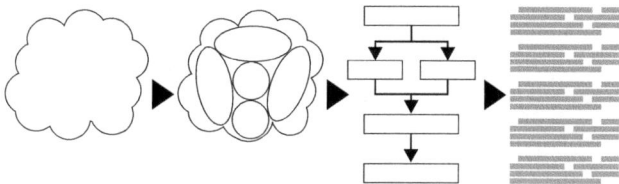

厘清逻辑结构后写出的文章，条理更清晰。以句子为单位的写作方法，即使能衔接上下文意，也很难从整体上把握文章。从全局着眼，构建逻辑结构后再动笔，可以让文章的条理更清晰。

专栏 >>> 使用段落写作的习惯

在欧美国家，撰写逻辑类文章都使用段落写作法。但是，日本人没有在学校学过这种方法，所以大部分日本人都以句子为单位来撰写逻辑类文章。

下图是两本写作类图书的页面。左边的作者是日本人，右边的作者是美国人。

左边的文章，每隔一两句就换行。右边的文章，则以段落来清晰呈现文章的结构。一本教写作的书竟然没有使用正确的写作方法，真是令人遗憾。

2.4 写作诀窍

为了突出段落的主题，段落的排版也有规则。每个段落，最好由 4 ～ 8 句话构成。

● **做好段落排版**

为了确保主题和段落排版呼应，段落排版一般分为三种类型，如下图所示。

排版 1 　　　　排版 2 　　　　排版 3

排版 1：段间空行分段。段落左对齐，段首不空格。段落之间空一行留出空白部分，方便阅读。技术类报告尤其偏爱使用这种排版。

排版 2：段首空格分段。段落之间不空行，空白部分较少，所以有时不方便阅读。但这种排版最为正式，企业对外文书、学术论文多使用这种排版。

排版3：段首空格和段间空行分段。和排版1类似，空行增加空白部分方便阅读。与前两种排版相比，这种排版的强调作用更明显。

原则上，段落中途不可换行。因为换行意味着段落内容结束。一旦中途换行，主题和文章的排版便无法对应。段落不可随意换行，表现为段落中不可随意空格和空行。

反例　　不应换行

　　本公司所生产的车辆使用了独家技术，实现了低能耗、低排放。

　　本公司所产车辆都符合环境省制定的低排放车辆规定。除了龙头产品混合动力车之外，我们正在研发电动车、燃料电池车等新一代清洁能源车。

　　生产车间遵守相关法规，多项措施并举减轻环境负担，减少环境问题。降低二氧化碳排放量……

如果希望增加文章中的空白部分，可以插入条款，也可以借助图表来表现内容。段落内插入条款或图表时，就可以放心换行了。

● **每段以 4 ～ 8 句话为佳**

分论的段落以 4 ～ 8 句话为佳，过短或过长都不合适。但是，有时候总论的段落可以非常简短。

一个段落不能只写一两句话。否则就和以句子为单位写的文章毫无区别了。文章内容的单位过小，不利于阅读者从整体上理解文章的逻辑结构。例如本页共有 13 句话。如果将这些内容分成 13 个段落，就会显得非常琐碎，无法传达文章的逻辑结构。

但是，一个段落的篇幅也不可长达一页纸。过大的单位，同样不利于阅读者从整体上理解文章的逻辑结构。如果确实需要一页纸的篇幅来阐述一个主题，那可以将这个主题分成若干个小主题，然后再将各个小主题分别写成不同的段落。

如果段落中插入了图表，就可以适当减少句子数量。因为图表的信息量与多句话相当。如果将图表作为段落的补充信息，一段只有一句话也无妨。有的段落只有一句概要句和图表就是这个原因。

总论的段落，有时候只有一两句话。总论只需要介绍各个段落的概要，不需要补充信息。因此，与分论的段落相比，总论的篇幅较短。

专栏 >>> 所有段落都能加上标题

　　使用段落写作法，如果你想给段落加标题的话，那么所有段落都能加上标题，因为每个段落都论述了一个主题。每段的主题各异，将段落的主题作为标题，就能给所有段落加上标题。

　　每段都加标题可以提高阅读效率，可以帮助阅读者短时间内掌握文章的逻辑结构。因此，给所有段落都加上标题是个好方法。

　　但是，对于篇幅较长的文章，不应给所有段落都加上标题。一份十几页的报告，如果都加上标题会显得拖沓、啰唆，反而不容易看出文章的层次。

　　因此，对于篇幅较长的文章，只需给每个层次加上标题。本书遵守的就是这个原则。如果有这方面的需要，可以参考本书的写作方法。

88

2.5 注意事项

使用一个段落阐述一个主题，需要注意以下几点。

· 段落切忌过短。

· 段落切忌过长。

· 设定具体主题。

· 严格分类信息。

● 段落切忌过短

一段只有一两句话，说明写作者要么对该段主题阐述不充分，要么对主题划分得过细。

主题阐述不充分，就请补充更详细的信息。最有效的办法是列举具体事例或数据。主题阐述不充分，容易导致阅读者看不懂文章或无法信服文章的主张。关于补充信息请参考"4 补充信息强化主题"（见本书第 120 页）。

主题划分过细，就请将过细的主题，归纳汇总成一个高层级的段落。例如，假定某款计时器可以设定三种运行模式。如果每种模式都可以用一两句话解释清楚，那我们就应以"运行模式"

为主题撰写一个段落。

例

本款计时器有以下三种运行模式。

倒计时：从指定时间开始读秒至 0。

计时：从 0 开始读秒至指定时间。

秒表：显示从 0 开始经过的秒数。

● **段落切忌过长**

　若一个段落的篇幅长达一页纸，那就请细致划分主题，并构**建出层次**。上例中如果各种运行模式还需要三句话以上的说明，那就可以构建出"运行模式"这个层次，然后再将三种模式置于该层次之下独立成段。

例

本款计时器有以下三种运行模式。

·倒计时

·计时

·秒表

> **倒计时**
>
> 　　倒计时模式下，该计时器可从指定时间开始读秒至 0。
> 该模式……（后接更多说明）。
>
> **计时**
>
> 　　计时模式下，该计时器可从 0 开始读秒至指定时间。该
> 模式……（后接更多说明）。
>
> **秒表**
>
> 　　秒表模式下，该计时器可表示从 0 开始经过的秒数。该
> 模式……（后接更多说明）。

● **设定具体主题**

　　每个段落都要设定具体主题。例如，产品介绍类文章可以设
定"运行速度""耗电量"等具体主题，然后去构建相应段落。
不要用抽象的主题去构建段落，例如"性能"。否则，段落的信
息量过多，会影响阅读者对文章的理解。

　　**设定段落的具体主题时，不能使用"A 与 B"这种形式的标
题**。例如，"运行速度与耗电量"这种标题，一看就知道这个段

落说了两个主题。

● **严格分类信息**

对段落中的信息进行严格分类，可增强文章的逻辑性。

假设我们需要在某一段中描述直立行走机器人的特点。这款机器人有以下动作特点。

- ·可识别人类手部动作。
- ·可用动作传达情感。
- ·可用程序设定好的句子对话。
- ·可理解简单的单词。
- ·可转动眼睛传递意思。
- ·可感受外力的强弱。

将以上信息全部放进"动作"段落内，显然不合适。如果用"接收信息"和"发送信息"两个段落对信息分类，逻辑性就会更强。

例

接收信息

该机器人可通过视觉、听觉、触觉理解人类信息。

视觉：可识别人类手部动作。

听觉：可理解简单的单词。

触觉：可感受外力强弱。

发送信息

该机器人可通过动作、声音、眼睛与人互动。

动作：可用动作传达情感。

声音：可用程序设定好的句子对话。

眼睛：可转动眼睛传递意思。

2.6 反例和修改范例

● 反例：用一个段落阐述两个主题

　　下文中的第三段阐述了两个主题。这个段落的主题本来是"左右移动正面的防护壳即可装卸所有零配件，可大幅缩短机器维护时间"。但段落的具体内容中又阐述了"外接硬盘时可在主体内安装 3.5 mm 间距连接器"这个新主题。

机体防护壳采用可转动设计，方便维护。防护壳可掀开80度，与传统拆卸设计相比更节约时间，更方便零配件更新或机器维修。具体设计如图1所示（图省略）。

出于维护安全考虑，机体防护壳使用了锁扣设计。将防护壳掀开80度，防护壳发出"咔"声即表示上锁，此时松开双手防护壳也不会落下。若要解锁，则需要双手扶住防护壳进行操作。这种锁扣设计可以让用户安心使用。

左右移动正面的防护壳即可装卸所有零配件，可大幅缩短机器维护时间。旧款机器若想更换DVD驱动器、内置硬盘，或者想外接硬盘时，都需要将机体防护壳完全打开，费时费力。新设计中，左右移动正面的防护壳就可以独立装卸所有零配件，无须在维护时移动机体。外接硬盘时可在机体内安装3.5 mm间距连接器。

● 修改范例

对上文最简单的修改方法，就是删去第三段的最后一句话。 写作者可能由"外接硬盘"联想到了"外接硬盘时可在机体内安装3.5 mm间距连接器"。但是这一段的主题是"左右移动正面的防护壳即可装卸所有零配件，可大幅缩短机器维护时间"。所以，这一段中只应该出现与缩短维护时间有关的内容。毕竟这不是词语联想游戏，不能看到外接硬盘这个词就拐到其他主题上。

另一种修改方法是，将"外接硬盘时可在机体内安装 3.5 mm 间距连接器"作为第四段的开头。例如可以将其改写为"机体内安装 3.5 mm 间距连接器，可有效提高产品的可扩展性"，作为第四段的概要句。接下来，第四段就可以具体介绍产品优越的可扩展性。

2.7 理解与练习

下面的文章中，每一句话后都存在换行的情况，这使得文章的主题切换不清晰。请以段落为单位重写下文。注意，下面这篇文章没有总论。

1. 泡沫经济破灭后，企业用人成本飙升，导致年功序列工资制难以为继。

2. 虽然平均工资没有提高，但定期涨薪也导致了用人成本飙升。

3. 某些竞争激烈的行业内，一些高工资的高龄员工无法创造高效益。

4. 结果，企业为了维持年功序列工资制度，不得不提高用人成本，这制约了企业的发展。

5. 因此，很多企业为降低用人成本，引入了成果主义工资制。

6. 将有限的资源（用人成本）按劳分配，极大地提高了员工士气。

7. 现在年销售额在 100 亿日元以上的企业中，有八成企业都采用了成果主义工资制。

8. 中小企业中也有六成采用了成果主义工资制。

9. 但是，成果主义工资制也不是没有问题。

10. 首先，评价体系难以做到公平公正，很多员工对评价结果不满。

11. 员工更重视易产出成果的工作，轻视如培养下属等难以量化的工作。

12. 只注重达成眼前目标，害怕挑战高难度工作。

13. 针对这些问题，企业纷纷推出改进措施。

14. S 公司规定，对于基础干部职位的本科毕业生，在入职 10 年内的晋升过程中禁止体现出个体差异。

15. K 制药公司在人事评价标准中加入了"培养新人"的考核要求。

16. F 电机公司规定，在对员工进行评价时除了考查个人目标的达成情况外，还要考查其对所属部门的贡献度。

提示

　　每个段落对主题的阐述，都应控制在 4 ~ 8 句话。如果某段的主题是"引入成果主义工资制"，那么所有相关内容都应在这段内阐述清楚。同一个主题，不应分成多个段落。

注意

　　考虑到这篇文章的特点，可以相应缩短每段的长度。

● 划分段落后的文章

　　泡沫经济破灭后，企业用人成本飙升，导致年功序列工资制难以为继。 虽然平均工资没有提高，但定期涨薪也导致了用人成本飙升。某些竞争激烈的行业内，一些高工资的高龄员工无法创造高效益。结果，企业为了维持年功序列工资制，不得不提高用人成本，这制约了企业的发展。（第 1 句 ~ 第 4 句）

　　因此，很多企业为降低用人成本，引入了成果主义工资制。 将有限的资源（用人成本）按劳分配，极大地提高了员工士气。现在年销售额 100 亿日元以上的企业中，有八成企业都采用成果主义工资制。中小企业中也有六成采用了成果主义工资制。（第 5 句 ~ 第 8 句）

　　但是，成果主义工资制也不是没有问题。 首先，评价体系难以做到公平公正，很多员工对评价结果不满。员工更重视易产出成果的工作，轻视如培养下属等难以量化的工作。只注重达成眼前目标，害怕挑战高难度工作。（第 9 句 ~ 第 12 句）

　　针对这些问题，企业纷纷推出改进措施。 S 公司规定，对于基础干部职位的本科毕业生，在入职 10 年内的晋升过程中禁止体现出个体差异。K 制药公司在人事评价标准中加入了"培养新人"的考核要求。F 电机公司规定，在对员工进行评价时除了考查个人目标的达成情况外，还要考查其对所属部门的贡献度。（第 13 句 ~ 第 16 句）

● 解说

每个主题各自构成一个段落。第一段的主题，可以从第一句判断出是"年功序列工资制难以为继"。因此，这种制度难以为继的现状、原因、例子等内容都应放在该段。其他段落同理。

有人认为例子应该独立成段，其实例子是典型的补充信息。 例子的作用是增加段落概要句的说服力，所以应该和概要句放在一段里。不过，如果是对某个例子的具体说明，有时根据具体情况也可以另外构建一个段落。

综上所述，本文的逻辑走向如下所示。

1. 年功序列工资制难以为继。

2. 因此，很多企业引入了成果主义工资制。

3. 但是，这种制度也不是没有问题。

4. 因此，企业纷纷推出改进措施。

3 段落开头先写概要句

本节要点

　　段落要以揭示段落主题的句子（概要句）开始。概要句有助于阅读者快速判断是否需要继续阅读这段内容，也有助于阅读者理解具体内容。概要句应写得具体且简洁。

3.1 写作要点

　　段首应该留给揭示本段主题的句子（概要句）。概要句也叫主题句。文章的每个段落都应以概要句开头，段落的中间部分用来详细解读概要句，必要时可在段末以结论收尾。也就是说，段落虽小，但也要遵循"总论—分论—结论"的结构。

　　阅读每个段落的概要句，就能勾勒出全文的逻辑。构建文章逻辑的各个主题，分别都构成一个段落。每段的主题由段落开头的概要句来表现。因此，阅读者即使只读概要句也能勾勒出全文的逻辑。当然，也可以反过来说，我们正是为了让读者可以通过概要句勾勒出全文的逻辑，才去使用段落的。

3.2 实例

下文（总论省略）中，各个段落的开头都有概要句（有下划线的句子）。

建立企业内部风险制度是为了在企业内培养创业人才，激活企业架构。大型企业"维持现状也能盈利"的特点，往往导致企业结构僵化，很多崭新的创意或具有创新天赋的人才就此埋没。这项制度的目的，就是发掘企业内部被埋没的创意和人才。

但是，除企业内创业外，日本的创业率在发达国家中垫底。美国的创业率为13%，欧洲各国多为4%～8%，而日本只有1%，在发达国家中垫底（见下图，图省略）。

日本创业率低的主要原因是，投资公司投资风险企业时多持保守态度。日本国内对风险企业的投资总额为734亿日元（2012年），仅为美国的1/40。风险企业一旦找不到投资就会破产。这种情况，又会让投资公司对投资风险企业的态度更加保守。创业者找不到投资，就不得不用自己的资金创业。这既增加了创业风险，也不利于创业氛围的形成（下文省略）。

3.3 效果

段落以概要句开头主要有四个效果。这四个效果与"1 文章开头先写总论"（见本书第 42 页）的效果完全相同。

·（阅读者）可以判断是否需要详细阅读。

·（阅读者）可以轻松理解文章的具体内容。

·（阅读者）可以确认论据的正当性。

·（写作者）可以强调重要信息。

● 可以判断是否需要详细阅读

段落以概要句开头，方便阅读者通过段落的第一句来判断是否继续阅读后文。

如果阅读者读懂并认同概要句的主张，那就无须继续阅读后文。因为后文应该都是阅读者已知的内容。概要句后的补充信息，无非是更详细的补充说明或解释，或者是为了加强概要句的说服力所举的例子、数据或论据。

如果阅读者没有读懂概要句，或者不认同概要句的主张，那就可以继续阅读后文。因为后面的内容是对概要句的详细说明或解释，这些信息能更好地帮助阅读者理解概要句。在说明的基础上，数据、例子、证据能进一步增强概要句的说服力。

● 可以轻松理解文章的具体内容

段落以概要句开头，有助于阅读者轻松阅读后文的补充信息。概要句可以帮助阅读者构建心智模型（见本书第 32 页），有利于阅读者轻松理解下文。阅读者读完概要句后就可以预测后文内容，脑内相关信息随之被成功激活。

● 可以确认论据的正当性

段落以概要句开头，便于阅读者确认文章中论据的正当性。段落开头的概要句是写作者的主张，概要句后的内容则是写作者的论据。阅读者先了解主张再去阅读后文的论据，就能检验这些论据是否支撑写作者的主张。

● 可以强调重要信息

段落以概要句开头，便于写作者强调段落的重点（见右图）。强调的位置（见本书第 35 页）应该留给段落的重点。这

样做，能让阅读者对重点信息的印象更加深刻，也能有助于阅读者读懂文章的逻辑。

3.4 写作诀窍

概要句应将段落的重点归纳成一句话，并且要承接上一段的概要句，与文章的总论相呼应。

● 用一句话写概要句

概要句应将段落的重点归纳成一句话。概要句不能多于一句话。一个段落只阐述一个主题，一个主题必须用一句话来说明。如果一句话无法概括段落的主题，那就说明这一段可能暗含两个主题。这种情况下，写作者要考虑是否需要细分段落。

> **反例**
>
> 本产品内置光感器。电源随光感器的开合自动启动和关闭。

> **范例**
>
> 本产品通过内置光感器的开合自动启动或关闭电源。

● 概要句写在开头

　　概要句必须放在段首。很多人稍不注意就忘了这一点。因为人往往都按照思考和操作的顺序写作，所以很多时候写作者想要呈现的重点都出现在了文末。

反例

　　Y 家电利用可转债筹措资金相继开设了多家大型专卖店。新店开设后，效益的提升刺激了股价上涨。投资者看到股价上涨，就会将可转债转换成股票获利。由此债券变成股票，负债转为资本。Y 家电正是通过这种无实质借款的方式筹措到了开店资金。

范例

　　Y 家电通过无实质借款的方式筹措到了开店资金。Y 家电利用可转债筹措资金相继开设了多家大型专卖店。新店开设后，效益的提升刺激了股价上涨。投资者看到股价上涨，就会将可转债转换成股票获利。由此债券变成股票，负债转为资本。综上，Y 家电利用无实质借款的方式筹措到了开店资金。

● 承接前段概要句

概要句应承接上一段
的概要句（见右图）。概要
句务必传达文章整体的逻
辑。所以，写作者在写段
落的概要句时，都要回头
看看前一段的概要句。段
落的概要句承接的是上一
段的概要句，而不是上一段的最后一句话。

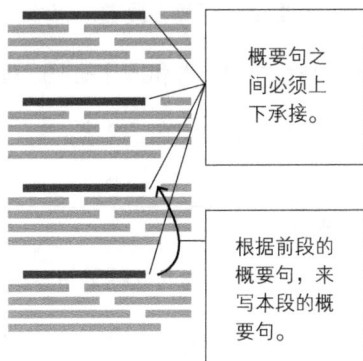

> 概要句之间必须上下承接。

> 根据前段的概要句，来写本段的概要句。

● 和总论相呼应

概要句应和总
论段呼应。总论中
的重要信息都在分
论中详细说明。因
此，总论和分论必
须呼应（见右图）。
但是，不太重要的
主题无须在总论中提及。因此，如果某段论述的主题不太重要，

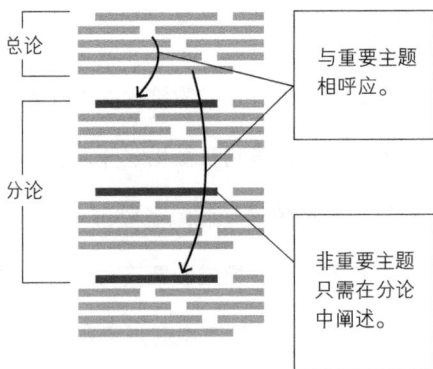

> 总论
> 分论

> 与重要主题相呼应。

> 非重要主题只需在分论中阐述。

也就不用和总论相呼应。

● **特例**

　　特定情况下，在总论和分论等概括性段落中，可以没有概要句，或者即使有也不必放在段首。

　　没有结论的文章中，总论的段落不需要概要句。例如周报和各种记录。

周报的总论段示例

　　以下为 11 月 13 日—11 月 20 日各项工作的进展情况。

　　·山冈不动产公司的提案和展示文件已完成。

　　·曙光建设公司的提案已讨论 60％。

　　·商业展示参观和趋势分析报告书已完成。

　　另外，针对内田电装的问题反馈，我方已提供解决方案，等待对方的答复。

　　另外，在非正式文章以及小论文、学术论文中，总论的概要句不放在段首。因为这类文章的总论不分目的段和概要段，二者往往合成一段。如果总论段从背景论述到目的、结论，那么结论部分（示例中有下划线的部分）就是总论的概要句。这种情况下，概要句往往会放在段末。

非正式文章的总论示例

> 本文主要分析全国家电专卖店——Y 家电飞速发展的原因。Y 家电飞速发展得益于两大战略——开设大量大规模专卖店和构筑低成本体系。

学术论文的总论示例

> 人脸识别技术作为一种生物体认证方法，凭借无须触碰机器、用户抵触情绪小、面部画像可以保存等一系列优势受到广泛关注。（后略，全文请见本书第 53 页）在多用户的情况下，该技术将入户系统没有识别出户主的错误率降至 0.22%，将户主错认为他人的错误率降至 0.08%。这说明人脸识别安保系统可以运用到入户管理系统中。

对于总论和结论等概括性的段落，也要尽量将概要句放在段首。例如，下文的总论使用了总论的经典模板（见本书第 51

页）。虽然目的段（序）中的概要句（有下划线的部分）在段末，但概要段（概要）中的概要句（有下划线的部分）放在了段首。

例

序

公司目前的车辆，是 7 年前购买的 Doyota 公司的"星辰"款汽车，共 10 辆。随着公司业务拓展，公司车辆数量不足。<u>因此，我们从 8 家车企的 17 款车型中选出了最优车型。</u>

概要

<u>基于以下考虑，我们推荐 Ponda 公司的"白鹰"款汽车。</u>

·每升油可行驶 32 千米，省油节能。

·内饰高级，适合接送客户。

·后备厢可放入 6 个瓦楞纸箱。

虽然车辆价格稍贵，但该车型可享受减税、补助金政策，而且耗油少，综合考虑成本最低。

专栏 >>> 写不好概要句时怎么办？

当你写不好概要句，或者不知道概要句之后的具体内容该写什么时，就要想一想是否需要重新划分段落了。

如果在一个段落中塞进了两个主题，就很难写出段落的概要句。这种情况下，写出来的概要句要么是两个句子，要么是一个非常长的句子。

而且，在一个段落中塞进两个主题，还会导致你无法写出概要句之后的内容。例如，当你想在一个段落内阐述 A 和 B 两个主题时，概要句自然就是 A+B 的形式。如果在 A+B 句后详细解释 A，就会出现上一句还在说 B，下一句又跳到了 A 的情况。这会导致上下文无法正常衔接。

但是，大多数人想不到"重新划分段落"的方法。写不好概要句时，大部分人更容易想到的解决方法是修改概要句。有问题就改，这种想法没有问题。但是，如果解决方法的方向错了，往往会适得其反。

所以，当你写不好概要句时，就请想一想是否需要重新划分段落吧。

3.5 注意事项

撰写段落的概要句时，需要注意以下几点。

· 内容要具体。

· 表述要简洁。

· 关键词放在句首。

● **内容要具体**

概要句要具体到阅读者一看便知该段的详细内容。 概要句具体写明该段的重点，才能方便阅读者判断是否需要阅读后文。如果概要句过于抽象，阅读者就无法做出准确判断。

> **反例**
>
> 下面将介绍本产品的第二个特点。

> **范例**
>
> 本产品的第二个特点，是具有 1000 万像素的高清画质。

● **表述要简洁**

概要句的表述要简洁，以便于强调该段的要点。 简洁、凝练的信息才能起到强调作用。啰唆、拖沓的内容会掩盖重要信息。段首是重要的强调位置，概要句用关键单词构成，才能在阅读者脑海中留下深刻印象。在概要句中把要点简洁地表述出来，这一点非常重要。

反例

本产品的第二个特点，是具有业界唯一的 1000 万像素的 CCD 相机所拍摄出的高清画质，可以让每一根头发丝都清晰可见。

范例

本产品的第二个特点，是具有 1000 万像素的高清画质。

● 关键词放在句首

在概要句中，尽量将关键词放在句子的开头。段落开头的位置，最能吸引阅读者的目光（见右图）。把关键词放在概要句的句首，能起到强调作用。句首的关键词，有时候还能承担标题的作用。不过，

切忌为了把关键词放在句首而导致句子不通顺。

> **反例**
>
> 设计保障计划书和模拟演练是咨询业的关键。

> **范例**
>
> 咨询业的关键，是成熟的规划师对保障计划书的设计。

3.6 反例和修改范例

● 反例：没有概要句

下文第二段的首句，不是概要句。这导致第二段的首句无法呼应前后段落的首句。

> 日本大学入学考试中的"AO 入学"流程正逐年简化。AO 入学是指，通过书面材料和面试选拔学生的入学方式。庆应大学、早稻田大学等顶尖私立大学以及 40 多所日本国立大学，均采用这种入学选拔方式，近 80% 的私立大学采用的也是这种方式。

随着 18 岁人口不断减少，如今日本的考生不经过选拔也能进入大学。四年制的私立大学中有近一半学校招不满学生。高校间的学生争夺战逐渐白热化。很多高校希望减轻入学选拔负担，以便吸引学生报考。

但是，仅仅为了招到学生而采用 AO 入学方式招生的高校，正面临生源质量差的问题。AO 入学方式不检测学业水平，所以可能会招到一些学习能力弱的学生。因为跟不上专业课学习而退学的学生数量逐年增多。有的高校为了提高学生成绩，甚至给学生补习初高中课程。

另一方面，AO 入学方式的目的是为了优先选拔能力突出、目标明确的学生。有的学生虽然入学统考成绩不理想，但只要能力突出、目标明确也能在划分专业的学习模式中如鱼得水。AO 入学方式帮助这部分学生发掘了自己的潜在才能。

抱着这个想法而采用 AO 入学方式招生的高校，招到的学生的质量普遍很高。庆应大学里，通过 AO 入学方式进入大学的学生，其学习成绩和社团活动表现都普遍优于统考生。统考生被 AO 入学的同学打击后又会奋起直追，学校内呈现出互相刺激、互相促进的良性竞争局面。

● **修改范例**

第二段修改如下。修改完成后，通过这五个段落的首句就能
清晰勾勒出本文的逻辑结构。

**AO 入学方式流行的社会原因，是少子化背景下各高校
希望能吸引到更多学生**。随着 18 岁人口不断减少，如今日本
的考生不经过选拔也能进入大学。四年制的私立大学中有近
一半学校招不满学生。高校间的学生争夺战逐渐白热化。很
多高校希望减轻入学选拔负担，以便吸引学生报考。

3.7 理解与练习

下文是温室气体减排措施调查报告中的一个层次。第一段是
该层的总论，第二段到第五段是分论。五个段落的开头都有概要
句，但有几个段落的概要句欠佳。请找出这些概要句并进行修改。

为减缓全球变暖的速度，世界各国正在讨论温室气体排
放量交易的具体细节。温室气体排放量交易，分为国际交易
制度和国内交易制度。此外，还有观点认为可以让消费者承
担一部分环境保护费用。

　　仅靠本国国内政策难以达到减排目标的情况下，与他国进行交易的制度就是国际交易制度。这种制度主要分为以下三种类型。

　　·若发达国家投资发展中国家用以降低其排放量，则按照减排量相应提高投资国的排放限额。

　　·若发达国家合作推进减排事业，则两个国家平分减排量所提高的排放限额。

　　·发达国家之间互相买卖排放限额。

　　国内交易制度指政府分配各企业的排放额后，各企业可在市场上买卖排放额。这种方法被称为"限额交易"（Cap-and-Trade），已在欧盟范围内实施，日本也在讨论该方案的可行性。能够做到低成本减排的企业，可以出售本企业的排放额。减排成本过高的企业，则购买其他企业的排放额。这样可以确保全社会在整体上实现低成本减排。

　　但有人认为，排放量交易代表"有钱能搞定一切"，排放量交易让二氧化碳排放权利变成了金钱交易。控制温室气体排放是所有企业和国家应该共同应对的问题，排放量交易让富裕的企业和国家可以用金钱解决温室气体问题。有人认为这种"有钱能搞定一切"的制度有违道德。

因此，也有人提出了其他解决方案。例如，企业在销售的商品和服务中附加上环保费，企业将这部分收益用于植树造林等环保事业。如果从国家层面推广这种方法就需要设立环境税。现在已经有一部分企业开始自发在海外推行植树造林活动。这种方法就是让消费者承担了一部分环保费用。

● **需要修改的概要句**

第二段：

国际交易制度，指仅靠本国国内政策难以达成减排目标的情况下与他国进行交易的制度。

第三段：

国内交易制度，指政府分配各企业的排放额后，各企业可在市场买卖排放额的制度。

第五段：

因此，也有人提议让消费者承担一部分环保费用。

● **解说**

第二段概要句的关键词没有放在句首。这句话的关键词是国际交易制度。第一段总论的内容是"温室气体排放量交易分国际交易制度和国内交易制度"。所以,接下来的段落应该将两个关键词"国际交易制度"和"国内交易制度"放在句首。我们可以看到,第三段的概要句就是以"国内交易制度"开头的。

第二段的概要句,就是分论的段落的概要句与总论呼应的典型例子。请再复习一下"3.4 写作诀窍"中"和总论相呼应"的内容(见下图)。

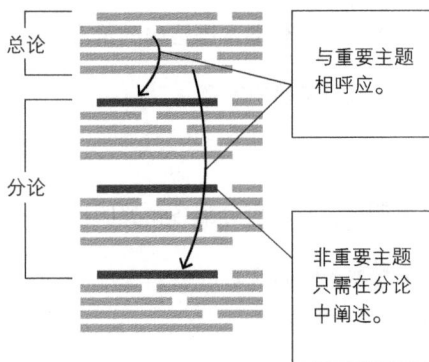

总论

分论

与重要主题相呼应。

非重要主题只需在分论中阐述。

第三段的概要句不够简洁。概要句要对信息进行提炼,做到表述简洁。冗长的概要句会掩盖重点信息。

第五段的概要句不够具体。"其他解决方案"的表述过于含糊。"让消费者承担一部分环保费用"就具体得多。其实第一段（总论）中已经具体写到了和第五段相呼应的信息，即"让消费者承担一部分环境保护费用"。

另外，第一段（总论）之所以没有出现第四段的内容，是因为第四段不太重要。总论概括的是分论中的重要信息，而非全部信息。因为这一层次的篇幅较长，所以总论可以省略非重要信息。

4 补充信息强化主题

本节要点

段落内要用补充信息来强化主题。补充信息可以增强文章的说服力和逻辑性。补充信息的写作诀窍就是具体且详细。

4.1 写作要点

在段落中，概要句之后需要借助补充信息对主题进行进一步说明（见右图）。补充信息可以是对主题的详细说明，也可以是具体例子、数据或论据。补充信息的形式可以是文字，也可以是图表或照片。

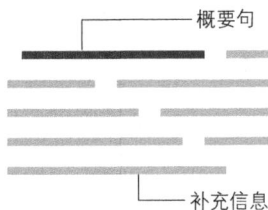

概要句 ———

补充信息 ———

补充信息要让所有阅读者都信服段落的概要句。一些阅读者在读完概要句后会心生疑惑："真是这样吗""这是什么意思"，等等。补充信息的作用，就是帮助这部分阅读者消除对概要句的疑惑，让他们产生"原来如此"的感觉。补充信息的方法，有具体说明、添加具体例子、数据或论据等。

4.2 实例

下文（总论省略）中的补充信息（灰底部分）进一步强化了段落的主题。

建立企业内部风险制度是为了在企业内培养创业人才，激活企业架构。大型企业"维持现状也能盈利"的特点往往导致企业结构僵化，很多崭新创意或具有创新天赋的人才就此埋没。这项制度的目的，就是为了发掘企业内部被埋没的创意和人才。

但是，除企业内创业外，当前日本的创业率非常低。美国的创业率为13%，欧洲各国多为4%～8%。而日本只有1%，在发达国家中垫底（见下图，图省略）。

日本创业率低的原因是，投资公司投资风险企业时多持保守态度。日本国内对风险企业的投资总额为734亿日元（2012年），仅为美国的1/40。风险企业一旦找不到投资就会破产。这种情况，又会让投资公司对投资风险企业的态度更加保守。创业者找不到投资，就不得不用自己的资金创业。这既增加了创业风险，也不利于创业氛围的形成（下文省略）。

4.3　效果

段落内的补充信息，主要有以下两个效果。

·（阅读者）可以更准确地理解主题。

·（写作者）可以增强文章的说服力和逻辑性。

● 可以更准确地理解主题

段落内的补充信息，有助于阅读者正确地理解段落的主题。当然，如果阅读者通过概要句就能理解段落的主题，那么就无须阅读补充信息。

例如，有阅读者不明白"今后组织系统一体化的商业模式将遍地开花"这句话的意思。他们对这句话有很多疑问："什么组织系统一体化""为什么组织系统一体化会遍地开花"，等等。很显然，这些阅读者只靠概要句无法理解"组织系统一体化遍地开花"的含义。

这种情况下，该段的后半部分就需要添加补充信息，来说明"什么是组织系统一体化""为什么这种模式会遍地开花"。我们可以具体进行如下说明："组织系统一体化指根据顾客的业务类

型，统一管理信息系统的企划、搭建、应用的商业模式""组织
系统一体化可以搭建一个集合各种高性价比商品的平台"。

如果阅读者能读懂概
要句，那就可以跳过补充
信息（见右图）。因为补充
信息的受众，是不理解或
不接受概要句的主张的阅
读者。在前文的例子中，

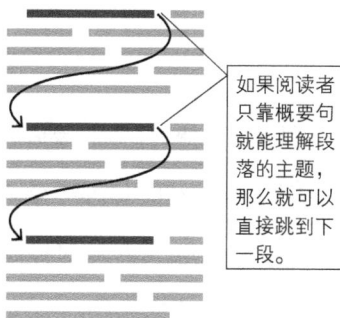

如果阅读者
只靠概要句
就能理解段
落的主题，
那么就可以
直接跳到下
一段。

如果阅读者知道什么是组织系统一体化，也知道这种模式遍地开
花的原因，那么就无须阅读补充信息。

● 可以增强文章的说服力和逻辑性

段落中的补充信息可以增强文章的说服力和逻辑性。说服力
和逻辑性不会凭空产生。假设某份提案中某个段落的概要句是
"××型号的笔记本电脑可待机运行 6 小时"。这份提案的主题是
从市面上的多款笔记本电脑中，选出一款公司办公用笔记本电
脑。写作者在介绍产品时优先考虑的是电池待机时间，所以就写
了这个概要句。

　　但是，如果这一段落只有这个概要句，那么这份提案就没有任何说服力。因为你无法反驳以下观点："我不需要待机运行 6 小时，这不符合我的工作习惯。电池能待机 2 ～ 3 小时就够了。我需要 CPU 运行速度快、屏幕大的笔记本电脑。"

　　要增强说服力，就需要借助补充信息的力量。也就是你要具体说明"为什么用户需要一款可待机运行 6 小时的笔记本电脑"。当你详细说明后，阅读者才能信服："原来如此，原来待机时间比 CPU 运行速度和屏幕大小更重要呀。"

　　只有文章的每一个段落都具有说服力和逻辑性，文章整体和结论才能让人信服。因为全文的逻辑由每个段落的概要句构成。只有所有概要句有说服力，全文的说服力才能提升。一个没有说服力的概要句，会成为整篇文章的短板，拉低全文的质量。

　　说服力和逻辑性不会凭空产生。阅读者只看概要句中的主张可能会认为："哦，原来你是这么想的。我懂你的意思，但是我有不同看法。"要想让阅读者心悦诚服，产生"原来如此，你说的对"的感觉，就必须借助补充信息的力量。

专栏 >>> 文艺类作品也会使用补充信息

添加补充信息也是很多文艺类作品中的常用手法。

例如，歌曲《厕所之神》的歌词就很有意思。这首歌由植村花菜作词，在 2010 年第 52 届日本唱片大奖中获作词奖。

这首歌的副歌描写的是对过世的奶奶的怀念之情。副歌之前的歌词，是关于小时候和奶奶下五子棋、吃鸭肉面、责怪奶奶把戏剧录像带洗掉的回忆。

有人认为删掉这些内容，只听副歌部分就行，毕竟这首歌长达 9 分 52 秒。

但是这些内容不能删去，因为这些记忆里的小故事体现了奶奶和孙女的感情，这可以让歌曲最后的"奶奶，谢谢您"这句歌词更具说服力。仅凭"奶奶，谢谢您"这句歌词无法体现奶奶和孙女的感情。

通过故事的铺垫来丰富文章的情感，这是文艺类作品的常用手法。

4.4　写作诀窍

补充信息不外乎以下三项内容。

· 什么意思（what）。

· 为什么这么说（why）。

· 有多重要（how）。

● 什么意思（what）

首先，当概要句不好理解时，补充信息就要详细解释概要句的意思。当阅读者不明白"今后组织系统一体化的商业模式将遍地开花"的意思时，写作者就需要详细解释组织系统一体化的概念。

> **范例**
>
> 今后组织系统一体化的商业模式将遍地开花。组织系统一体化指根据顾客的业务类型，统一管理信息系统的企划、搭建、应用的商业模式。这种模式可以搭建一个集合各种高性价比商品的平台。

● 为什么这么说（why）

其次，补充信息还要回答"为什么这么说""真是这样吗"等疑问。例如，对于"××型号的笔记本电池可待机运行6小时"的概要句，补充信息就需要回答阅读者可能提出的质疑："为什么要优先考虑待机性能?"所以，写作者需要在后文具体说明电池待机时间长的优点。

> **范例**
>
> ××型号的笔记本电脑可待机运行6小时。6小时的待机时间，让你不用担心出差途中笔记本电脑电量耗尽的情况。外出时，你可以不用背着电源线和备用电池。与客户开会时，即使没有电源插座，你也可以正常使用笔记本电脑。

● 有多重要（how）

最后，补充信息要回答"真的这么重要吗"的疑问。例如，对于"休息日不上班可大幅节约经费"的概要句，就需要回答阅读者可能提出的疑问："休息日不上班真能节约那么多经费吗?"这种情况下，相关的具体数据可以助你一臂之力。

128

> **范例**
>
> 　休息日不上班可大幅节约经费。去年所有员工的休息日加班费是 ×× 元，如果休息日不上班就可以节约这部分加班费。除此之外，休息日不上班还能节约水电费、处理调休申请的办公费，共计大约 ×× 元。综合以上费用，合计共节约了 ×× 元。

4.5　注意事项

用补充信息强化段落主题时，需要注意以下几点。

· 补充信息要具体。

· 不要只写一两句话就结束。

· 不需要补充信息，说明该主题也不是必要的。

● 补充信息要具体

补充信息越具体越具有说服力和逻辑性。 阅读者最希望读到的补充信息，是具体例子和数据。所以不要写"大屏幕好"，而要写"在 ×× cm 以上的距离，用户还能看到 ××"。"大屏幕好"这类表述过于抽象，没有发挥补充信息的作用。

假设概要句是"×× 型号的笔记本电脑可待机运行 6 小时"，

那么后文就要写清楚"**什么样的使用情况下，需要笔记本电脑待机 6 小时**"。3 小时、4 小时的例子就算不上这句话的补充信息，更不能列举插了电源的例子。另外，还要说明 6 小时内笔记本电脑的使用频率。只有这样阅读者才能信服："原来如此，这种使用频率的话确实需要能够待机 6 小时的笔记本电脑。"在段落的开头只写一句"待机时间越长越方便"，没有任何实际意义。

● 不要只写一两句话就结束

补充信息需要具体且详细，**不要只写一两句话就匆匆结束**。最适宜的段落长度是 4 ~ 8 句话，所以补充信息应以 3 ~ 7 句为宜。补充信息不充分就无法说服阅读者。

但是，**总论和结论不需要补充信息，所以总论和结论有时只有一两句话**。总论和结论是概括部分，不需要补充信息。补充信息只出现在分论的段落中。

● 不需要补充信息，说明该主题也不是必要的

当写作者感觉某个分论的段落不需要补充信息时，那就说明这一段是多余的。此时可以大胆地删去该段。不需要补充信

息，说明所有人在看到这个主题后都不会产生疑问："这是什么意思""为什么这么说"，等等。所有人都认为理所当然的事情，当然就无须赘述。

例如，主题为"本公司正致力于环保事业"的段落前，就不需要单独用一个段落阐述"企业开展环保活动的必要性"。因为在当今时代，"企业应该开展环保活动"已经成为共识。多出的一段只会让文章显得啰唆。

4.6 反例和修改范例

● 反例：没有补充信息

下文的第四段没有补充信息。由此导致第四段针对"就业保险制度和年金制度无法应对人才流动问题"的论述没有说服力。

> 企业引入成果主义工资制，是为了提高员工的生产积极性。企业要想在激烈的国际竞争中脱颖而出，离不开员工高昂的生产积极性。很多企业已经在管理层实施了成果主义工资制。索尼公司从 2004 年起，对 12 000 名普通员工全面推行成果主义工资制。随后日产汽车、雅马哈公司纷纷效仿。

　　另一方面，在同一家公司工作到退休的好处正逐渐消失。以前的离职金制度规定，工龄越长离职金越高。但是松下公司推出了离职金预付制度，很多企业都考虑推行该制度。

　　以上两个变化加速了人才流动。越来越多的求职者，希望进入既能锻炼自己的能力又能掌握一门技术的企业工作。既然工龄长已经没有了优势，索性不如换一个地位更高、待遇更好的工作。

　　遗憾的是，现行的就业保险制度和年金制度无法应对人才流动问题。

● 修改范例

　　第四段可按照以下形式添加补充信息。我们可以通过具体例子或数据，让该段的主张（就业保险和年金制度无法解决人才流失问题）更具说服力。

　　遗憾的是，现行的就业保险制度和年金制度无法应对人才流动问题。就业保险的失业补贴领取条件十分严苛，日本77% 的失业者领不到这笔钱。日本的这一比例，在发达国家中垫底。日本失业补贴的领取期限是 330 天，远远低于德国的 18 个月和法国的 42 个月。而且，以前的企业年金规定劳动者若在入职 10 年内跳槽，年金的支付年限将无法转接到下一家公司。所以，入职后短期内跳槽的劳动者只能放弃领取年金的权利。

4.7　理解与练习

下文是没有使用段落写作法的文章。请以逻辑类文章的标准，用段落写作法重写这篇文章。有的段落补充信息不足，也请补充完整。

在美国提到超薄电视，大部分人想到的都是三星和 LG，很少有人会想到日本的索尼和夏普。提到摄像机和 HDD & DVD 录像机时的情形也一样。

在 10 年前，日本企业在这些领域还占据绝对优势，可是近年来逐渐被价格低廉的韩国产品夺去了市场。

除了电子产品，造船、钢铁、半导体等行业的很多日本企业都陷入了激烈的国际竞争。

因此，日本企业希望避开价格战，通过高附加值产品在国际竞争中占得先机。

但是美国市场证明，日本企业的高附加值战略并不成功。这些高附加值产品，并没有赢回多少已经选择了廉价产品的消费者。

过去，美国企业也曾苦苦对抗日本的低价产品。直至现在，美国的汽车、钢铁、笔记本电脑等很多产品依然还在和廉价的日本产品争夺市场。即使商家推出了高附加值产品，消费者依然青睐廉价产品。

但是美国的制造业和服务业中，有的企业不使用"低价战略"亦能获得消费者的青睐。

例如，苹果公司销售的 iPhone 和 iPad。这两款产品不是附带了其他价值的手机和播放器，而是两款可以让用户享受各种软件的便捷功能的全新产品。

互联网领域也衍生了很多全新的商业模式。其中的佼佼者有购物网站 Amazon、搜索引擎 Google、视频网站 Youtube。

商家需要开发能够拓展新市场的产品和服务。仅靠在老产品上增加附加值，最终无法战胜廉价产品。

● 使用段落写作法修改后的文章

> **以电子产品为代表的日本制造企业，在与韩国企业的价格战中苦不堪言。**在美国提到超薄电视，大部分人想到的都是三星和 LG，很少有人会想到日本的索尼和夏普。提到摄像机和 HDD & DVD 录像机的情形也一样。在 10 年前，日本企业在这些领域还占据绝对优势，可是近年来逐渐被价格低廉的韩国产品夺去了市场。
>
> **因此，日本企业希望避开价格战，通过高附加值产品在国际竞争中占得先机。**例如研发 3D 和高清超薄电视，具备拍照功能和电视功能的高性能防水手机。笔记本电脑的性能也越来越好。
>
> **但是美国市场证明，日本企业的高附加值战略并不成功。**这些高附加值产品并没有赢回多少已经选择了廉价产品的消费者。过去，美国企业也曾苦苦对抗日本企业的低价产品。直至现在，美国的汽车、钢铁、笔记本电脑等很多产品依然还在和廉价的日本产品争夺市场。即使商家推出了高附加值产品，消费者依然青睐廉价产品。
>
> **要想战胜廉价产品，商家需要开发能够拓展新市场的产品和服务。**例如，苹果公司销售的 iPhone 和 iPad。这两个产

品不是附带了其他价值的手机和播放器，而是可以让用户享受各种软件的便捷功能的全新产品。互联网领域也衍生了很多全新的商业模式。其中的佼佼者有购物网站 Amazon、搜索引擎 Google、视频网站 Youtube。这些产品和服务无疑都开创了全新的消费市场。

● 解说

在重写本文时要谨记以下几点。

· 每段一个主题。

· 每段由一句概要句和多句补充信息组成。

· 各段落的概要句，可以构建出全文的逻辑。

用段落写作法改写原文，首先需要找到一句话作为第一段的概要句。文章的第一句话说的是超薄电视，但这只是证明某个主题的例子而已。只有主题才能担起概要句的重任，所以我们要在后文里继续寻找。

第一段的概要句，暗含在"除了电子产品，造船、钢铁、半导体等行业的很多日本企业也陷入了激烈的国际竞争"这句话中。因此，我们可以将这句话修改成概要句，然后再添加补充信息。这样就构建出了一个完整的段落。后面的"日本企业希望避开价格战，通过高附加值产品在国际竞争中占得先机"很显然是另一个主题，应该另外构建一个段落。

第二段的概要句，可以直接用"日本企业希望避开价格战，通过高附加值产品在国际竞争中占得先机"这句话。这句话刚好承接了第一段的概要句，即"以电子产品为代表的日本制造企业，在与韩国企业的价格战中苦不堪言"。

第二段的概要句后还需要添加补充信息。因为这一段的概要句是"日本企业希望避开价格战，通过高附加值产品在国际竞争中占得先机"，所以后文可以列举具体例子证明日本企业正在生产高附加值产品。3D 和高清超薄电视，具备拍照功能和电视功能的高性能防水手机都是补充信息。

第三段的概要句，可以用"但是美国市场证明，日本企业的高附加值战略并不成功"这句话。这是一个新主题，而且承接了第二段的概要句，即"日本企业希望避开价格战，通过高附加值产品在国际竞争中占得先机"。

这句话之后有第三段的补充信息。也就是"这个战略不成功"的原因和美国市场的具体例子。一直到"即使厂家推出了高附加值产品，消费者依然青睐廉价产品"这句话，这些内容都是这一段的补充信息。接下来的"但是美国的制造业和服务业中，有的企业不使用'低价战略'亦能获得消费者的青睐"这句话，切换到新的主题，应该另外构建一个段落。

不过，"但是美国的制造业和服务业中，有的企业不使用'低价战略'亦能获得消费者的青睐"这句话，又不足以作为第四段的概要句。因为这句话并不能承接第三段的概要句，即"但是美国市场证明，日本企业的高附加值战略并不成功"。按逻辑顺序，第四段说的应该是"因此，应该×××"。

因此，第四段的概要句应该是："要想战胜廉价产品，商家需要开发能够拓展新市场的产品和服务。"苹果公司的产品和互联网全新商业模式，都很适合作为这一段的补充信息。再总结一下其他内容就完成了第四段的全部内容。

5 衔接前后段落

　　段落间的纵向、横向的关系，构建起了文章的逻辑结构。明确的纵横关系，可以提升文章的逻辑性。段落的概要句之间的纵向关系称为接续型，横向关系称为展开型。

5.1 写作要点

　　文章的逻辑，产生于段落之间的"横向并列"和"纵向连接"的连接关系（见右图）。 所有段落都不会孤立存在，一定在横向或纵向上与其他段落存在关系。写作者要把这种横向、纵向上的关系清晰地呈现给阅读者。含糊不清的段落关系不仅会加大阅读者理解文章的难度，有时甚至会引起歧义。段落间的连接关系，都应该清晰地体现在文字表述中。

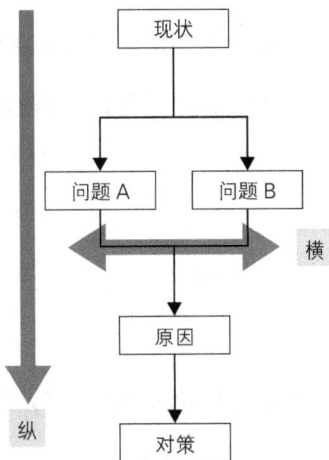

5.2 实例

下文（总论省略）清晰地体现了段落之间的"横向并列"和"纵向连接"的关系。

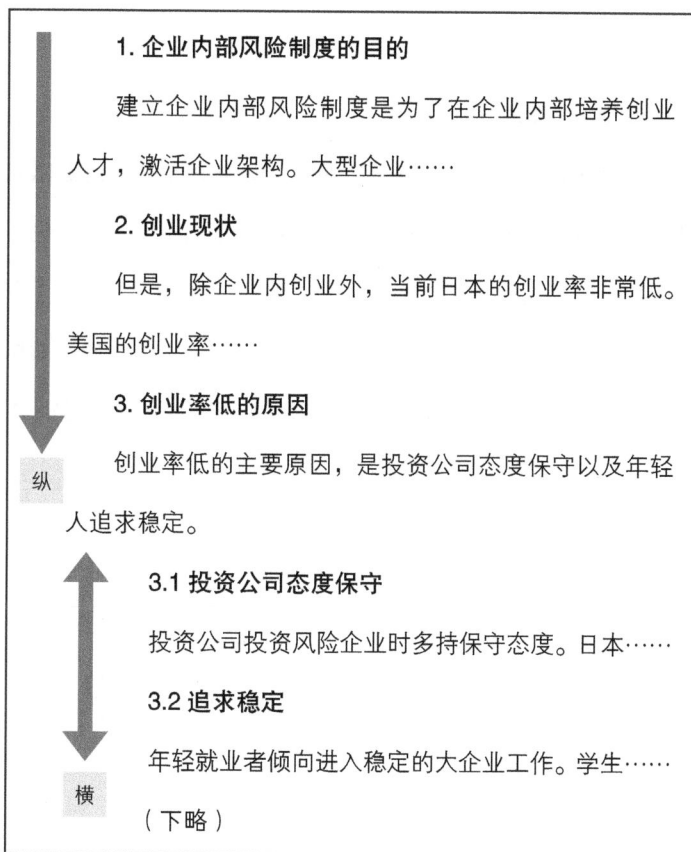

1. 企业内部风险制度的目的

建立企业内部风险制度是为了在企业内部培养创业人才，激活企业架构。大型企业……

2. 创业现状

但是，除企业内创业外，当前日本的创业率非常低。美国的创业率……

3. 创业率低的原因

创业率低的主要原因，是投资公司态度保守以及年轻人追求稳定。

3.1 投资公司态度保守

投资公司投资风险企业时多持保守态度。日本……

3.2 追求稳定

年轻就业者倾向进入稳定的大企业工作。学生……

（下略）

纵

横

5.3 效果

明确段落之间的连接关系，有以下两个效果。

·（阅读者）可以准确理解文章的逻辑。

·（写作者）可以增强文章的说服力和逻辑性。

● 准确理解文章的逻辑

明确段落之间的连接关系，可以清晰呈现出文章的逻辑结构。随意排列的段落无法体现逻辑关系（见下图），当然，也许有的阅读者能通过随意排列的段落推测出文章的逻辑关系，但更多的阅读者推测不出写作者的意图，甚至可能误解写作者的意思。所以为了方便阅读者准确理解文章的逻辑，写作者需要按逻辑关系排列各个段落，明确段落之间的连接关系。

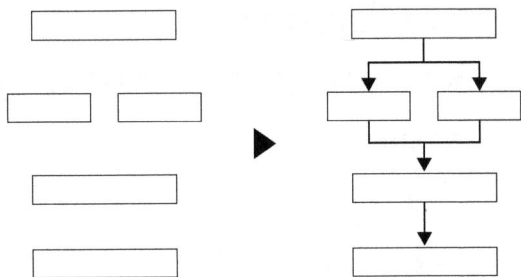

● 可以增强文章的说服力和逻辑性

　　明确段落之间的连接关系，可以增强文章的说服力和逻辑性。随意排列的段落，无法产生说服力和逻辑性。

　　如果按以下顺序介绍机器人的功能，那么整篇文章就毫无逻辑性可言。


```
反例

· 和人类一样自然的动作

· 最新技术

· 声音识别和图像识别

· 人工智能

· 交流能力
```

> 注：
> 左边的五点是对各
> 段主题的概括。

　　但是，将上面五点按照横向并列、纵向接续的关系排序后，文章的逻辑性就会立刻得到提升。（下文分三个层次，共计九个段落）

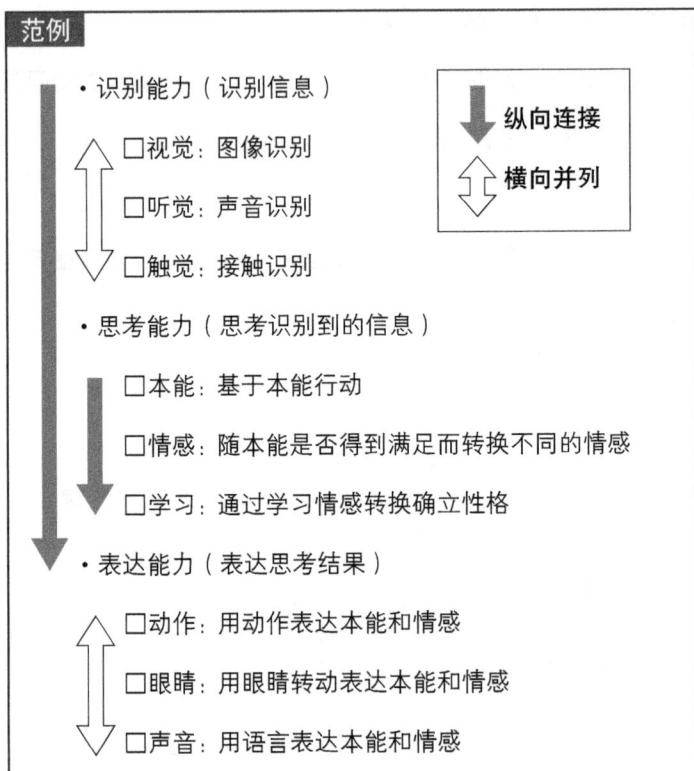

范例

- 识别能力（识别信息）

  □视觉：图像识别

  □听觉：声音识别

  □触觉：接触识别

纵向连接

横向并列

- 思考能力（思考识别到的信息）

  □本能：基于本能行动

  □情感：随本能是否得到满足而转换不同的情感

  □学习：通过学习情感转换确立性格

- 表达能力（表达思考结果）

  □动作：用动作表达本能和情感

  □眼睛：用眼睛转动表达本能和情感

  □声音：用语言表达本能和情感

5.4 写作诀窍

段落之间的连接关系，通过概要句来实现。段落之间主要有以下两种连接关系。

- 接续型：纵向。

- 展开型：横向。

● 用概要句连接段落

概要句可以在横向、纵向上连接各个段落。 只要连接正确，阅读者只读每段的概要句就能串联起文章的逻辑。先来回忆一下下图中的关系（见本书第 35 页）。概要句位于段落的强调位置，能快速、清晰地呈现出段落之间的连接关系。

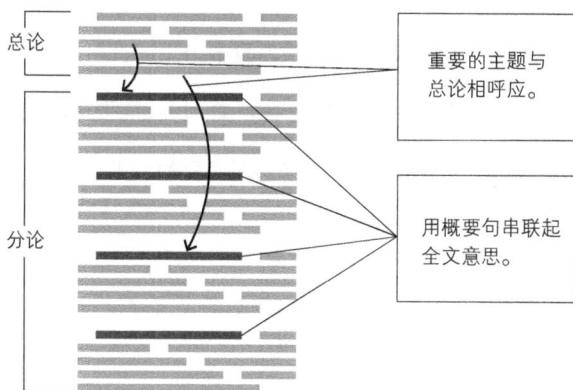

重要的主题与总论相呼应。

用概要句串联起全文意思。

● 接续型

接续型指段落之间纵向连接的逻辑结构。 假如总论由关键词 A 开始到关键词 D 结束，那么分论各段的概要句，就可以按照 A → B → C → D 的顺序依次接续（见右图）。

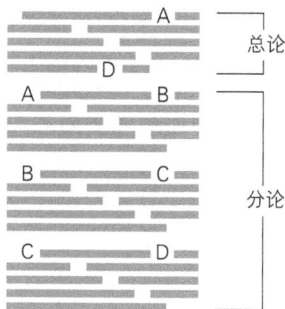

> **例**
>
> 　为提升策划<u>问题解决方案的能力</u>ᴬ，公司需要<u>成立促进员工相互交流、学习的机构</u>ᴰ。
>
> 　目前<u>问题解决方案</u>ᴬ的提出，主要依赖负责人的<u>个人能力</u>ᴮ。因为公司的这个部门……
>
> 　但是依靠员工的<u>个人能力</u>ᴮ，难以在激烈的市场竞争中<u>形成企业核心竞争力</u>ᶜ。有了核心竞争力……
>
> 　因此，要<u>形成企业的核心竞争力</u>ᶜ，就需要<u>成立促进员工相互交流、学习的机构</u>ᴰ。将各科室里的员工……

● **展开型**

　展开型指段落之间横向并列的逻辑结构。在总论中列出 A、B、C 三个关键词后，分论中各个段落的概要句可以分别来阐述 A、B、C 这三点（见右图）。

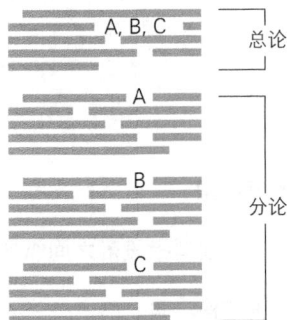

> **例**
>
> 　　逻辑思维有三种典型的思维方式。这三种思维方式能促进逻辑思考。
>
> - 归零思维法 [A]
>
> - 框架思维法 [B]
>
> - 假设思维法 [C]
>
> 　　归零思维法 [A]，指摆脱原有思维束缚，一切回归白纸状态的思维方法。原有思维中……
>
> 　　框架思维法 [B]，指思考问题时不要天马行空，而是将问题放到某个框架中的思维方法。天马行空式的思考方法……
>
> 　　假设思维法 [C]，指不要等遇到问题再解决问题，而是先假设问题，然后通过不断论证、修正来寻找结论的思维方法。如果等遇到了问题再解决问题……

专栏 >>> 上司应该通读下属的工作报告

能够通篇读完商务类文章的人不多。但是，至少上司应该读完自己下属的工作报告。

检查下属写的报告中的必要内容是否恰当，这是上司的责任。不读完报告，上司就无法履行这一责任。上司一旦发现报告中的内容过于啰唆或不够充分，就应该立刻指出并要求下属改正。

正确指导下属撰写工作报告，也是上司的义务。上司要指导下属学会筛选、整合信息，并反馈相应的修改意见，来培养下属的能力。下属的能力得到提升，也会相应减轻上司的负担。

下属如果学不会筛选、整合信息，上司就不得不去做大量的修改工作。这样一来，下属无法成长，上司也要一直自己去做筛选、整合信息等基础性工作。

不过上司的上司，也就是公司的高层领导，一般不会通读下属的整篇报告。因为高层领导的下属太多，如果读完所有人的报告，那就无暇开展其他工作了。

5.5 注意事项

在建立段落之间的连接关系时，需要注意以下几点。

· 明确区分纵向和横向。

· 纵向连接时需要文字说明。

● **明确区分纵向和横向**

各分论的段落之间只存在纵向和横向两种连接关系。切忌对横纵关系不加区分，随意罗列段落。

纵向连接关系，指各段的主题之间存在接续型逻辑关系（见右图）。因此，要将各段落的主题按照某种逻辑顺序排列。逻辑顺序一般都是固定的，不可随意调换。例如右图中的"原因"就不能写在"问题"前。

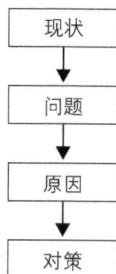

```
现状
  ↓
问题
  ↓
原因
  ↓
对策
```

横向并列关系，指各段的主题属于同一层级，相互之间不存在接续型逻辑关系（见右图）。横向并列关系中，各段之

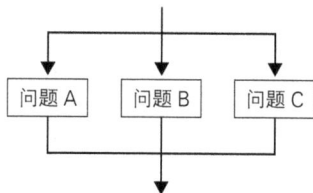

```
问题A    问题B    问题C
```

间不存在接续型逻辑关系，所以可以调换各个段落的顺序。大部分情况下，各个段落会按重要程度来排序。

各分论的段落之间只存在纵向和横向两种连接关系。如果文中的某一段落无法通过横向或纵向关系与其他段落建立连接关系，那就说明该段落在文章逻辑构建上的作用非常小。

> **反例**
>
> 　　某市的财政状况陷入危机。市财政收入中借款所占比例为……
>
> 　　市政府工作人员需要提高工作效率。例如……

> **范例**
>
> 　　某市的财政状况陷入危机，预计今后要逐步削减预算和职员人数。市财政收入中借款所占比例为……
>
> 　　因此，市政府需要提高工作效率，保证服务质量不会在削减预算和职员人数的情况下降低。通过提高工作效率……

● 纵向连接时需要文字说明

段落使用纵向连接关系时，需要用文字说明段落之间的关系，否则阅读者有可能将其误认为是横向并列的关系。

有的阅读者可能认为前文中的反例没什么问题。"某市的财政状况陷入危机"和"市政府需要提高工作效率"之间的连接关系，就算没有"在削减预算和职员人数的情况下"这个条件，阅读者也可以推测出来。加了这句话，反而让文章显得啰唆。

但是，如果真如反例所示省略接续关系的文字说明，很多阅读者会对这句话产生疑问。肯定有阅读者心生疑问："为什么市政府财政危机就要提高工作效率？提高了工作效率政府财政就宽裕了吗？"即使十个阅读者中只有一人出现这种疑问，写作者也需要向这名阅读者解释清楚。

不过，段落之间使用横向并列的关系时，就不需要文字说明。文章用横向并列的关系来布局段落，阅读者也会从并列的角度去读取文中的信息（参照下文）。

> **例**
>
> "白鹰"省油节能,每升油可行驶 32 千米……
>
> "白鹰"内饰高级,适合接送客户……
>
> "白鹰"后备厢空间大,适合销售中使用……

专栏 >>> 文章写得好懂，反而可能惹上司生气？

虽然这话听起来有点不可思议，但是随着你写的文章越来越好懂，上司指出的问题也会越来越多。

上司在阅读好懂的报告时，不用花费太多精力就能理解报告的内容。

既然不用花精力理解内容，上司就会把省出来的精力用在核查报告内容上。例如，上司会检查报告中的必要信息是否过于啰唆或不够充分。

结果，上司就有可能注意到一些以往不会发现的小问题。写报告的人需要修改的地方也会比以往更多。

文章写得越好懂被指出的问题反而会越多，这一点确实让人难以接受。

但是，上司指出的问题，其实都是对文章的反馈。有了对文章的反馈，写作者才能意识到自己的问题并改正，写作水平才能提升。如果文章的问题不被指出来，写作者就无法意识到自己的欠缺，也无法提升能力。

5.6 反例和修改范例

● 反例：主题连接模糊

　　下文中三个段落之间的关系非常模糊，让人无法准确判断是纵向连接还是横向并列。领导必备的三项能力之间，应该存在某种接续关系。但是，下文仅将三个段落简单罗列。阅读者可能会认为这三项能力是并列关系，并且会觉得越靠前的能力越重要。

　　领导需要具备优秀的信息收集能力。只有掌握足够充分的信息，才能果断做出决策。信息收集，需要构建公司内外的人脉网，同时还要高效使用各种数据库。

　　领导需要具备从理论层面做出决策的能力。领导需要做出各种决策，以决定团队的前进方向。做出决策时就需要将手中的各种信息上升到理论高度，仅靠经验和直觉很难做出正确判断。

　　领导需要具备统领部下的领导能力。让成员团结一致，才能发挥出团队最大的力量。所以，领导需要为成员指明目标，并带领团队成员朝着目标不断前进。

● **修改范例**

三项能力如果是纵向连接的关系，就需要用文字体现出来。
纵向关系中，概要句也要按照接续型关系（见本书第 143 页）来
写。纵向关系反映的是三项能力在逻辑上的连接顺序，而并非依
照重要程度进行的排列。

领导需要具备优秀的<u>信息收集能力</u>[A]。只有掌握足够充
分的信息，才能果断做出决策。信息收集，需要构建公司内
外的人脉网，同时还要高效使用各种数据库。

领导需要具备根据<u>收集到的信息</u>[A]，从<u>理论层面做出决
策的能力</u>[B]。领导需要做出各种决策，以决定团队的前进方
向。做出决策时就需要将手中的各种信息上升到理论高度，
仅靠经验和<u>直觉</u>很难做出正确判断。

领导需要具备在<u>理论层面做出决策</u>[B]后，<u>统领部下的领
导能力</u>[C]。让成员团结一致，才能发挥出团队最大的力量。
所以，领导需要为成员指明目标，并带领团队成员朝着目标
不断前进。

阅读下文，判断省略的概要句（①~④）是接续型还是展开型，并补充完整。

现在，个人信息安全越来越受到重视。基于这种需求，本公司正在研发可以用于家居出入管理系统的人脸识别技术。最新研发出的动态识别法，可以将错误识别率降低约一半。

（①   ）。人脸识别是生物识别方法，避免了因忘带、丢失钥匙而进不了家门的尴尬。人脸识别不同于指纹识别，无须触碰机器，减轻了用户的心理负担。而且系统可以保存人脸识别视频，在防盗方面也能发挥一定作用。

（②   ）。不同于指纹，人脸随着时间流逝都会或多或少地发生变化。发型会变，胡须的长度会变，胖瘦的变化也很常见。旧的识别技术面对这些变化往往束手无策。

（③   ）。动态识别技术通过一段时间视频中的人脸画像，可以确定用户的眼睛、鼻子、嘴巴等主要面部器官的相对位置。这种通过面部器官的相对位置识别人脸的方法，不会受到发型、胡须、胖瘦等因素的影响。

（④   ）。本公司研发了采用这种人脸识别技术的家居出入管理系统，并就其运行效果进行了长达一年的实验观察。结果显示该系统将户主错认为他人的概率为 0.22％，将他人错认为户主的概率为 0.03％。而以往的系统将户主错认为他人的概率为 0.45％，将他人误认为户主的概率为 0.07％。

● **概要句示例**

① 为提高家居出入管理系统的安全性，人脸识别技术受到广泛关注。

② 但是，传统的人脸识别技术在面对发型、胡须长度发生变化时往往束手无策。

③ 因此，为解决这个问题，本公司开发了动态识别技术。

④ 为期一年的实验结果显示，这项技术与老技术相比可以将识别错误率降低约一半。

● 解说

　　各段的概要句，使用了接续型关系来连接（见右图）。之所以要使用接续型的连接，是因为本文的四个段落是按照"现状—问题—方法—效果"的顺序连接的。

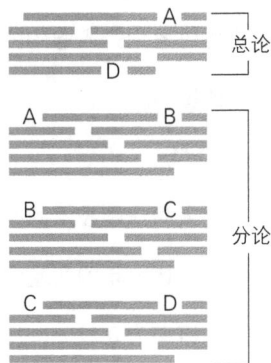

　　因此，可以根据下文信息写出每段的概要句。

① 现状：家居出入管理系统→人脸识别

② 问题：人脸识别→时间流逝

③ 方法：时间流逝→动态识别技术

④ 效果：动态识别技术→识别错误率

　　使用段落写作法，通过构建段落之间的连接关系，就能在把握文章整体逻辑结构的情况下撰写文章。写作时不能仅仅关注前后句子之间的文意衔接，还要关注全文各个部分之间的连接关系。这样才能提高文章的逻辑性。

专栏 >>> 第三种关系

　　各分论的段落之间只存在纵向接续和横向并列两种关系。因此，段落之间的逻辑结构，无外乎纵向和横向两种。

　　但是，如果把总论的段落考虑进来，就会诞生出第三种关系——包含。也就是说，总论包含各个分论的段落。因为总论中出现的内容要在分论中详细说明，所以总论处于上位，内容抽象，而分论位于下位，内容具体。

　　也就是说，总论和分论之间是包含与被包含的关系，各分论的段落之间则是纵向或横向的连接关系。虽然这句话看上去很简单，但是如果一篇文章中的信息混乱，阅读者就很难正确理解其中的纵向、横向和包含的关系。

6 统一段落表达

　　横向并列的各个段落，要统一段落表达。这能让文章逻辑清晰、易读易懂。统一段落表达的窍门是，先用表格构建出文章的逻辑，再将表格内容填充到文章中。

6.1　写作要点

　　横向并列的各个段落，要统一段落表达。假设总论中提到了A、B、C三点，那么分论在详细阐述这三点时，要统一段落表达。这种方法其实就是将表格中的逻辑填充到文章中（见下图）。

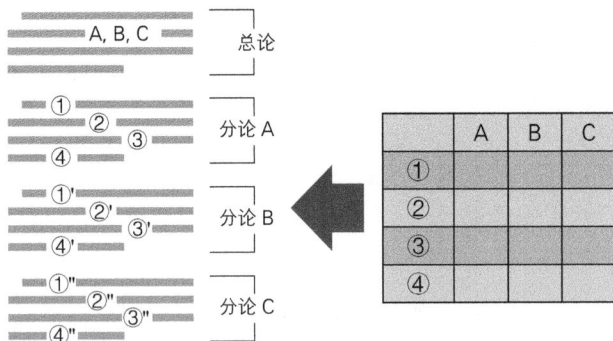

6.2 实例

下文中横向并列的两个段落，统一了段落表达。

---

3. 创业率低的原因

创业率低的主要原因，是投资公司态度保守以及年轻人追求稳定。

3.1 投资公司态度保守

投资公司投资风险企业时多持保守态度。日本国内对风险企业的投资总额为 734 亿日元（2012 年），仅为美国的 1/40。风险企业一旦找不到投资就会破产。这种情况，又会让投资公司对投资风险企业的态度更加保守。创业者找不到投资，就不得不用自己的资金创业。这既增加了创业风险，也不利于创业氛围的形成。

3.2 追求稳定

年轻就业者倾向进入稳定的大企业工作。92% 的学生希望毕业后进入业界头部企业工作（2012 年）。风险企业由此陷入第二个恶性循环——招不到人才导致错失商机，没有商机更难招到优秀人才。风险企业被迫以极其有限的人才和大企业竞争，这也不利于创业氛围的形成。

6.3 效果

统一段落表达主要有以下三个效果。

·（阅读者）容易理解。

·（写作者）可以避免遗漏信息。

·（写作者）可以轻松撰写文章。

● **容易理解**

统一段落表达有助于阅读者更轻松地阅读后文。阅读者在读完第一段后，就会构建起心智模型（见本书第 32 页），然后再去阅读后面的段落。也就是说，如果第一段是按照①－②－③的逻辑展开论述的，那么阅读者就可以预测到其他并列段落的逻辑顺序和第一段一致。如果阅读者在文章开头就能预测到后文怎么写，那对后文的理解自然毫不费力。

不必担心统一表达会让阅读者失去阅读兴趣。因为一致的表达有助于阅读者理解文章。逻辑类文章首先考虑的应该是易懂，这一点不同于文学作品。商务文章等逻辑类文章只有统一了表达，才能方便阅读者略读这些一目了然的部分。虽然通读这类文章会让人觉得无趣，但实际上几乎没有阅读者会通篇阅读这类文章。

● 可以避免遗漏信息

统一段落表达，可以防止信息遗漏，有助于梳理文章的逻辑。写作者需要将表格中的逻辑关系一一填充到文章中。也就是说，如果第一段的逻辑顺序是①－②－③，那么后面段落的逻辑顺序就会完全一致。这样就能避免某一段出现①－③等遗漏信息的情况。

● 可以轻松撰写文章

各段落统一表达后，后面的段落只需模仿第一段即可，这大大降低了写作难度。某些情况下，写作者甚至只需要复制、粘贴第一段，然后替换数据、修改部分内容就能完成全文（见下图）。这种方法比分别构建每段的逻辑关系，分别撰写每段内容轻松得多。

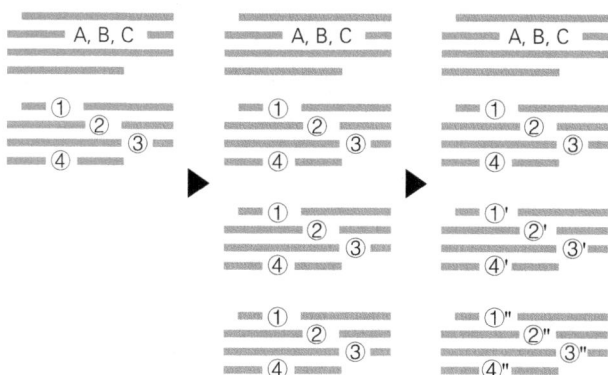

6.4 写作诀窍

统一段落表达首先要用表格划分逻辑结构，然后再用统一的表达方式将表格内容填充到文章中。

例如，我们可以用下表归纳出迈克尔·E. 波特提出的三个基本竞争战略。

	总成本领先战略	差别化战略	专一化战略
概要句	价格低于竞争对手	价值异于竞争对手	集中某个特定领域
竞争资源	最大化降低成本	提供产品附加值	集中一处
优势	用低成本控制市场	用忠诚度获取收益	对抗强势企业
劣势	初期投资大和赤字	差别化难度大	市场占有率低

将上表中的内容用统一的表达填充到段落中，就形成了下一页的文章。

为了让阅读者也能在脑海中勾勒出上表，写作者需要统一文章中的关键词、表达和排版。阅读者意识到前后文表达一致后，就能更快地构建起心智模型。反之则效果减半。

例

　　总成本领先战略，指用低于竞争对手的价格提供产品和服务的竞争战略。这种战略下，经营资源的一大半都用来降低成本。低成本产品一旦占领了较高的市场份额，就能进行大规模生产。大规模生产又能进一步削减成本，最后低成本产品就可以控制整个市场。但是大规模生产需要在初期投入大额资金，而且在获取市场份额前还有可能面临长期赤字的风险。

　　差别化战略，指提供差别于竞争对手的产品和服务。这种战略下，经营资源多用来提供产品附加价值。产品的附加值可以增强用户对品牌的忠诚度，由此带来高收益。但是，如何维持高附加值的差别化是一个难题。而且，这种战略有缩小产品市场的风险。

　　专一化战略，指集中向特定客户群、特定领域、特定地区提供产品和服务的战略。这种战略下，经营资源全部集中到一处。这种战略有助于缺乏经营资源的弱势企业提高收益、对抗强势企业。但是，资源集中到一处必然会造成市场占有率的下降。

6.5　注意事项

统一段落表达时，需要注意以下几点。

· 确认是否遗漏信息。

· 统一内容的抽象度。

· 考虑排列的顺序。

● 确认是否遗漏信息

确认作为段落雏形的表格中有无遗漏信息（见右图）。 一旦表格中遗漏了一格信息，就会大大降低文章的逻辑性。假如前文中有关三个基本竞争战略的说明，遗漏了某一个战

	A	B	C
①			
②			
③			
④			

不要遗漏信息。

略的优势的话，那么这个战略就失去了存在的意义，也严重影响了全文的逻辑。

　　如果无法获取某个信息，那就尽量在文中说明情况。 例如"关于××的情况，还不清楚"，这种表达就说明写作者目前还未掌握相关信息。如果不加说明只是跳过相关内容就会破坏阅读者

在大脑中构建起的心智模型，影响阅读者的阅读思路。

● 统一内容的抽象度

　　各个段落相对应的信息，其抽象度要保持统一。统一段落表达，其实就是在对比并列的各段的信息。同一层级的信息的抽象度不一致，会降低文章的逻辑性。例如下表对比的是 A、B、C 三个项目的预算、作业周期、作业日期、地点。如果预算信息的抽象度不一致，就会让阅读者对这篇文章的逻辑性产生怀疑。

	项目 A	项目 B	项目 C
预算	约 1000 万日元	1356 万日元	稍多
作业周期			
作业日期			
地点			

● 考虑排列的顺序

　　写作时还需要考虑各个段落的说明顺序。用右图来解释的话，就是先将 A、B、C 按重要程度排序，接着如果 A 按照①‐②‐③‐④的顺序说明，那么 B 和 C 也要遵守这个顺序。统一段落的说明顺

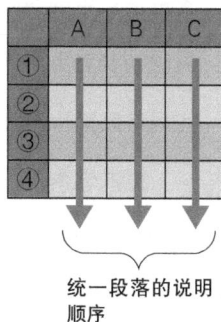

统一段落的说明
顺序

序，可以帮助阅读者在大脑中顺利构建起心智模型。如果 A、B、C 三段内的说明顺序不一致，则会扰乱阅读者思路，阅读者甚至有可能找不到对应的信息。

6.6 反例和修改范例

● 反例：段落表达不统一

下面的文章中，两个段落的表达不统一。由此导致阅读者无法直观比较相关信息。

消费者价格指数自 1946 年起由日本总务省每月发布。该指数以日本全国消费者实际购入的商品和服务零售价格为基础，反映了物价的波动情况。消费者价格指数以 2010 年的物价为基准数 100，统计现在的物价变动幅度。该指数囊括了家庭消费中的 500 种商品价格。但是，消费者价格指数无法反映消费者更愿意购买低价商品的消费倾向。日本政府在制定经济政策和调整年金时会参照消费者价格指数。

生产者物价指数，由国内生产者物价指数、出口物价指数和进口物价指数构成。三个指数都以 2010 年的物价为基准，统计现在的物价波动幅度。该指数自 2002 年起由日本银行发布，主要用来判断经济走势、制定金融政策。统计对象为 1400 家企业间交易的商品，不包括服务。该指数反映了物资供给情况，以及企业交易时的商品价格波动情况。

● **修改范例**

修改后统一了两段表达，更方便阅读者进行比较对照。

消费者价格指数，是自 1946 年起由日本总务省每月发布的一种指数。该指数以日本全国消费者实际购入的商品和服务零售价格为基础，反映了物价的波动情况。消费者价格指数以 2010 年的物价为基准数 100，统计现在的物价变动幅度。该指数囊括了家庭消费中的 500 种商品价格。但是，消费者价格指数无法反映消费者更愿意购买低价商品的消费倾向。日本政府在制定经济政策和调整年金时会参照消费者价格指数。

生产者物价指数，是自 2002 年起由日本银行每月公布的一种指数。该指数反映了物资供给情况，以及企业交易时的商品价格波动情况。生产者物价指数以 2010 年为基准数 100，统计现在的物价波动幅度。该指数囊括了 1400 家企业间交易的商品，但不包括服务。日本政府多根据生产者物价

168

指数判断经济走势、制定金融政策。该指数由国内生产者物价指数、出口物价指数和进口物价指数构成。

6.7　理解与练习

下页的文章节选自一篇论文，该论文数据出自下图。请将这篇论文补充完整。

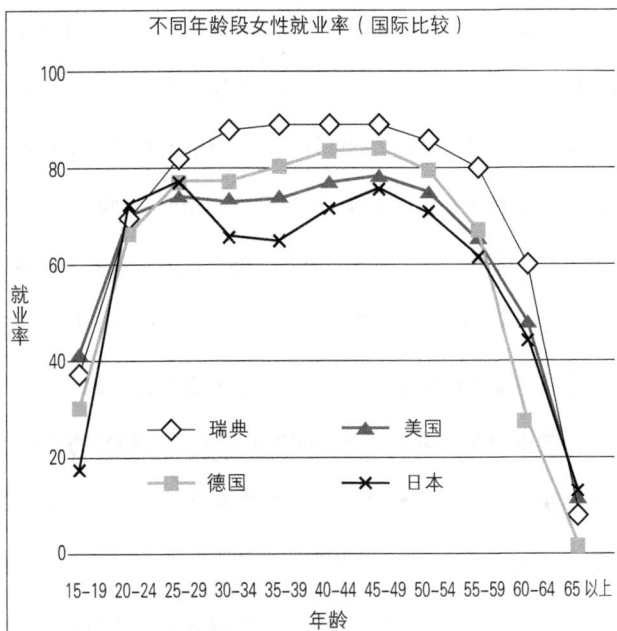

不同年龄段女性就业率（国际比较）

就业率

◇ 瑞典　▲ 美国
■ 德国　✕ 日本

15-19 20-24 25-29 30-34 35-39 40-44 45-49 50-54 55-59 60-64 65以上
年龄

根据日本内阁府男女共同参画局的网站资料制作

与美国、德国和瑞典相比，日本不同年龄段的女性就业率呈现出三个特点。分别是 30 岁 ~ 40 岁就业率暂时下降，30 岁 ~ 50 岁就业率低，60 岁以后就业率逐渐回升。

首先，日本女性就业率在 30 岁 ~ 40 岁暂时下降，就业率曲线图呈 M 型。日本女性 20 岁 ~ 30 岁的就业率高达 70%，但 30 岁 ~ 40 岁的就业率跌至 60%，40 岁之后就业率逐渐回升。美国、德国和瑞典三国则没有出现 20 岁 ~ 30 岁就业率暂时下降的特点。日本女性就业率暂时下降的主要原因，是很多日本女性在这个年龄段因为结婚和生子而辞职，直至孩子长大后才重返职场。从中可以看出，日本女性面临工作和育儿的两难选择。究其原因，主要是日本政府对育儿的扶持力度不够。托儿所的数量严重不足，很多孩子进不了有资质的托儿所，家长被迫选择无资质的托儿所。还有一些托儿所，如果家长没有工作，就不接受他们的孩子。这又进一步加大了日本女性的就业难度。

● 解答示例

　　其次，除去育儿期间，日本女性的就业率也低于美国、德国和瑞典。美国、德国和瑞典女性整体就业率都在 80% 左右，但日本女性的就业率只有 70% 多，比上述三国低了将近 10%。低就业率的主要原因是日本女性更倾向于做家庭主妇。这与日本的传统和文化有关，也与日本政府对家庭主妇的支持政策有关。丈夫是工薪阶层的家庭主妇不仅享受税金优惠，还享有年金优惠。如果主妇进入社会工作，会失去税金优惠和补助金，反而导致家庭收入下降，所以很多日本女性认为当家庭主妇更划算。这些政策无疑也影响了日本女性的工作意愿。

　　最后，日本女性的就业率在 60 岁之后逐渐回升，高于美国、德国和瑞典。65 岁之前日本女性就业率高于德国，达到了 40%。65 岁之后，日本女性的就业率达到 10%，高于美国和瑞典。这个变化的主要原因是日本的养老政策不到位。日本只有 65 岁以上老人才能领到 100% 的国民年金，而且平均金额不过每个月 5.8 万日元。很多老人迫于经济压力重返职场。虽然欧洲国家的高福利来自高税金，无法和日本直接比较，但是这些数据也确实反映了日本福利政策的一些不足。

● 解说

本文第一段的总论，就指出了就业率的三个特点。第二段详细说明第一个特点。因此第三段和第四段应该和第二段保持一致，来详细说明第二和第三个特点。

第二段的内容可以总结成下表。

	30 岁 ~ 40 岁就业率低
要点	30 岁 ~ 40 岁，就业率暂时下降，曲线图呈 M 型
数值比较	日本 20 岁 ~ 30 岁：70% → 30 岁 ~ 40 岁：50% → 45 岁以后：70%，欧美国家没有这个特点
原因	工作和育儿难以两全（日本政府育儿扶持力度不够）
具体例子	有资质的托儿所数量不足 / 家长没工作，托儿所不接收孩子

按照上表，我们可以把第三段、第四段的内容填到表里。

	20 岁 ~ 50 岁就业率低	60 岁以后就业率上升
要点	除去育儿期，整体就业率都低于欧美国家	60 岁以后的就业率和欧美国家相当甚至略高
数值比较	欧美为 80% 左右，日本不到 75%	日本 65 岁之前：40%。65 岁之后：15% 以上。稍高于美国和瑞典

172

（续）

	20 岁～50 岁就业率低	60 岁以后就业率上升
原因	日本女性倾向于做家庭主妇 / 日本政府对家庭主妇的支持政策	面向老龄人的福利措施和再就业措施不力
具体例子	家庭主妇享受税金、年金优惠	65 岁以上才能拿到 100% 的国民年金 / 国民年金的平均金额仅为每月 5.8 万日元

用表格将逻辑厘清后，就可以按照第二段的表达方式撰写第三段和第四段。 撰写时要注意说明顺序，保持信息的抽象度统一。而且为了确保阅读者能意识到各段落的表达一致，各个段落的关键词、表达文字和排版也要统一。

有人可能觉得这么写文章会有很多重复的内容，但是逻辑类文章不怕重复。 逻辑类文章的目的是传达信息，易读易懂和条理清晰最重要。而且，阅读者读到逻辑类文章中的重复表达时也会自动跳过，不会有什么问题。

专栏 >>> 表格，条款，还是文章？

本书的前文写道："横向并列的各个段落，要统一段落表达。这能让文章逻辑清晰、易读易懂。统一段落表达的窍门是，先用表格构建出文章的逻辑，再将表格内容填充到文章中。"

这句话不是说将表格的内容硬塞到文章中。如果表格本身很好理解，那么直接使用表格也无妨。

但是表格不是万能的。若表格中的信息是数字或 √、× 就很好懂。但是，如果表格中的信息是文字反而不方便阅读。

表格不好读，那就可以将这些内容写成条款。

但是条款不适合正式文章。条款虽然读起来方便，但不够正式。所以学术论文等文章中最好不要使用条款。

撰写正式文章时，推荐使用的形式就是结构完整的整体化文章，而不是表格或条款。而且，文章中横向并列的段落还需要统一内容和表达。

7 由已知写到未知

段落中的每一句话，都要确保由已知信息开头，由未知信息结尾。由已知写到未知的顺序，可以完善文章的逻辑，方便阅读者理解文意。

7.1 写作要点

由已知写到未知，可以确保所有句子能够衔接上下文（见下图）。每句话都由已知信息（前文出现过的信息）开始，由未知信息（本句话中首次出现的信息）结束。反过来说就是，首次出现的词语绝不放在句首。

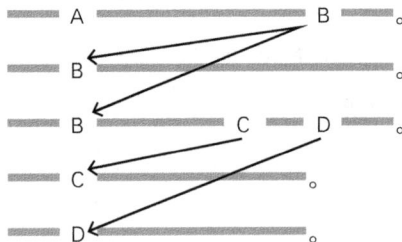

注：为了方便演示，上图中的每一句话都进行了换行。实际写作时，请大家不要像这样每一句都换行。

7.2 实例

下文所有句子的开头，都是前文出现过的信息（已知信息）。

---

3. 创业率低的原因

创业率低的主要原因，是投资公司态度保守以及年轻就业者对稳定企业的喜好。

3.1 投资公司态度保守

投资公司投资风险企业时多持保守态度。日本国内对风险企业的投资总额为 734 亿日元（2012 年），仅为美国的 1/40。投资不到位，风险企业就会破产。这种情况，又会让投资公司对投资风险企业的态度更加保守。没有投资，创业者就不得不用自己的资金创业。这既增加了创业风险，也不利于创业氛围的形成。

3.2 年轻就业者追求稳定

年轻就业者倾向进入稳定的大企业工作。92% 的学生希望毕业后进入业界头部企业工作（2012 年）。风险企业招不到优秀人才，会陷入恶性循环——招不到优秀人才导致错失商机，没有商机更难招到优秀人才。风险企业被迫以极其有限的人才和大企业竞争，这也不利于创业氛围的形成。

7.3　效果

段落内容由已知写到未知，主要有以下三个效果。

·（阅读者）可以准确理解全文。

·（写作者）可以防止逻辑跳跃。

·（写作者）可以提高写作速度。

● **可以准确理解全文**

由已知写到未知，可以帮助阅读者在阅读过程中构建心智模型，阅读者即使遇到全新信息也能迅速处理。如果写作者不按这个顺序写作，就可能在无意识间写出一篇晦涩难懂的文章。

由已知写到未知，可以帮助阅读者在阅读过程中构建心智模型，可确保阅读者能从头到尾准确理解全文。假设我们在句子 1 中看到了信息 A（见下页图），如果后面的句子 2 以信息 A 开始，阅读者就能构建心智模型进行预测："这句话应该会对前句中的信息 A 进行说明。"阅读者一边进行预测一边阅读，这有助于对文章的理解。

由已知写到未知，可以帮助阅读者理解新出现的未知信息。

假设未知信息 B 在句子 2 的句末出现，那么未知信息 B 和已知
信息 A 的关系，在信息 B 出现前就已写明。阅读者在知道信息 B
和信息 A 关系的前提下获取信息 B，自然很好理解这个新出现的
信息。

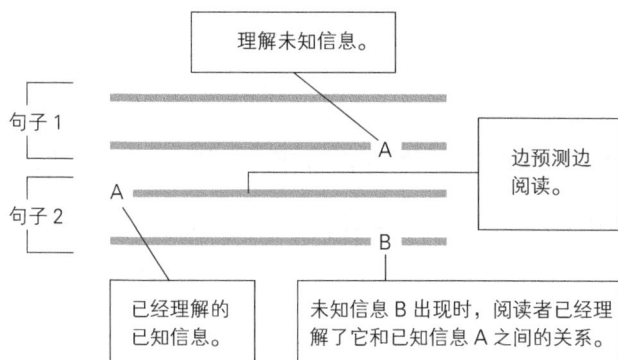

**如果未知信息出现在句首，阅读者就无法预测后文的内容，
文章的理解难度就会加大。** 假设阅读者在句子 1 中看到了信息 A
（见下页图），但是后面的句子 2 以未知信息 B 开始，这样阅读者
就无法提前了解已知信息 A 和未知信息 B 之间的关系。那么阅
读者在阅读后文时，就无法预测这句话要说什么，文章的理解难
度由此加大。

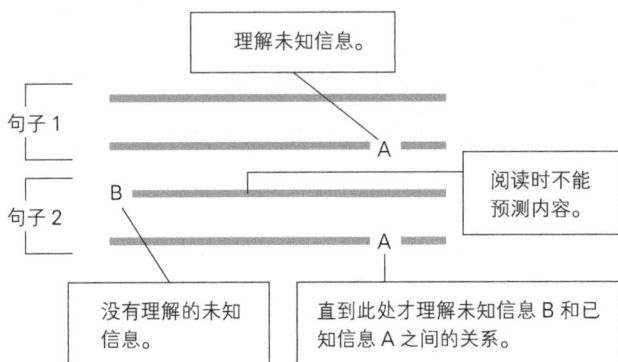

如果阅读者总是理解不了未知信息，那么句子整体也会变得不好理解。只有等到句子 2 的已知信息 A 出现时，阅读者才能了解未知信息 B 和已知信息 A 之间的关系。让阅读者在无法理解未知信息 B 的情况下读到句末，句子整体也会变得不好理解。

其实，写作者在写作过程中，也会无意识地倾向于从已知写到未知。因为这种写法更方便阅读者理解。所以即使没人提醒，很多写作者也会使用从已知信息写到未知信息的方法。

但是，写作者也有可能不小心将未知信息放在句首，拉低文章的质量。有些信息在阅读者看来是未知信息，在写作者眼里却是已知信息。写作者下笔时就已经知道接下来写什么，写作者写作之初就掌握了阅读者不知道的信息。这些写作者脑海里的已知信息有时会蒙蔽写作者，让他们误以为自己的文章很好懂。

因此，写作者在写作时要有意识地遵守"由已知写到未知"的写作顺序。 只有时刻遵守写作顺序，将已知信息放在句首才能确保文章简明易懂。这样，写作者才不会被脑海里的已知信息蒙蔽，从而保证文章的质量。

● 可以防止逻辑跳跃

由已知写到未知，可以确保论述环环相扣，避免产生逻辑跳跃。

文章内容出现逻辑跳跃时，未知信息就会出现在句首。这样一来，写作者就能意识到自己的论述流程出了跳跃问题。

正确地论述：A → B，B → C，C → D，D → E。

跳跃地论述：A → B，B → C，D → E。

未知信息出现在句首。

写作者之所以会在论述中跳过某些内容，是因为他们认为跳

过这些内容是理所当然的。写作者会在脑海里将跳过的内容自动补充完整，所以写作者很难意识到自己跳过了某些内容。

但是，写作者认为理所当然的事情，对于阅读者而言未必是理所当然的。一般情况下，写作者为了完成一篇文章需要进行各种调查和准备工作，知识储备量会大于阅读者。阅读者可能无法在脑海里补充出被写作者跳过的内容。

● **可以提高写作速度**

由已知写到未知，可以提前确定句首的单词，写作者的写作速度随之提升。句首只放有助于阅读者构建心智模型的已知信息。而且，因为一个段落只论述一个主题，所以要写的内容也基本确定，这样句首处可供选择的单词并不会很多。确定句首的单词，全句内容也随之确定，这样就能迅速写完句子。

假设一篇文章开头如下。

> 有观点认为，人若在实验中吸入水银这种实验材料，则有可能水银中毒。

根据这句话可以推测，后面的句子可能以下述单词开头。

实验："因此，实验器材……"等。

水银："水银对人体……"等。

中毒："水银中毒……"等。

危险："为避免危险……"等。

观点："这个观点……"等。

根据后文内容决定句首的单词。上例中，由于不知道第二句后具体是什么内容，所以只能预测这些句首单词。不过，写作者在实际写作过程中，通常已经确定了后文的内容。只要后文的内容确定，句首的单词的可选范围就会缩小，可以基本确定下来。

专栏 >>> 不用在乎是主动态还是被动态

在段落中使用由已知到未知的写作顺序，可以非常自然地确定句子是用主动态还是被动态。既然是已知到未知，那么句首的单词，也就是主语就确定了。主语一旦确定，语态也就随之确定。

有的写作指导书说："写作时要使用主动态，避免使用被动态。"其实这种观点有误。30多年前，写作教程中确实提倡使用主动态。但如今的写作理论则认为，句子的语态应由句首的单词决定。

这很好理解。主语就是句子的中心语，我们写作时不可能先确定语态再确定主语（中心语）。先定主语，再根据句首的单词确定语态才符合正常逻辑。

例如介绍 ABC 公司时，我们会使用被动态："ABC 公司由山田太郎创建于 1961 年。"如果将这句话的主语换成"山田太郎"，那这句话要讨论的就不是 ABC 公司了。

一些年纪较大的领导，直到今天还要求下属"写作时不要使用被动态"。这种几十年前流行的观点需要更新了。

7.4 写作诀窍

由已知写到未知的方法，主要有以下三种类型。

· 接续型：纵向。

· 展开型：横向。

· 统一型：纵横两种。

● 接续型

接续型指将前句中出现的信息作为已知信息，来引出后句的句首（见下图）。这种类型可以在信息纵向连接时使用，多用于说明流程和顺序的商务类文章。

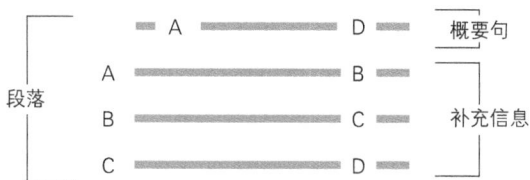

例

文章要从<u>概要</u>[A]写到<u>具体</u>[E]。首先将文章概要[A]以<u>总论</u>[B]的形式呈现在文章中。接着将<u>总论</u>[B]中的内容分别填充至不

184

同段落^C。然后将各段落^C的主题以概要句^D的形式写在段首。概要句^D之后再具体^E论述段落内容。

● 展开型

展开型指在前句中罗列信息后，依次在后句中进行说明（见下图）。这种类型可以在信息横向并列时使用，多用于介绍成分和特征的商务类文章。

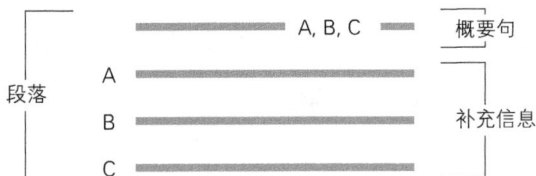

例

本款机器人利用视觉^A、听觉^B、触觉^C接收周围的信息。

视觉^A：利用 CCD 彩色相机和红外测距传感器捕捉物体的色彩、形状和动作，可以寻找喜欢的颜色，躲避障碍物。

听觉^B：利用立体声麦克风接收声音，根据用户的音阶分辨语音命令。

> 触觉 [C]：根据头部触觉传感器被按压时间的长短和强弱，接收来自人类的接触信息。

● 统一型

　　统一型指给出一个关键词，后文的所有句子都将这个关键词放在句首（见下图）。这种类型可以在集中阐述一个信息时使用，多用于介绍商品和服务的商务类文章。将商品名和服务名放在句子开头，还可以加深消费者对这些信息的印象。

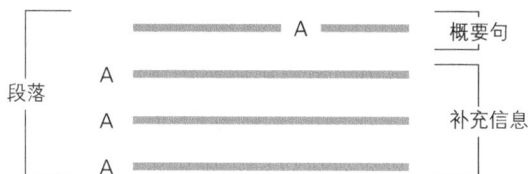

例

　　经过调查，我们推荐将 ABC 公司的 CP9DX[A] 型号复印机，作为本公司的办公复印机。CP9DX[A] 不仅能满足基本的复印功能，还能降低运营成本。而且 CP9DX[A] 即使使用已经用过的纸张时，也不会出现卡纸等故障。本款机器 [A] 的租赁费虽然稍高，但长期使用可降低成本。

统一型文章中，容易出现较多的重复内容，可以转化一些重复的表达。统一型文章中，句首都是同一个词，所以有时会显得很啰唆。这时，可以用"该××""本××"（见前文中的例子）来代替原词，化解重复。但是需要注意的是，如果替代词汇过多也有可能影响阅读者理解。

专栏 >>> 特意将未知信息放在句首

我们经常能在文学作品中看到句首出现未知信息,这是写作者有意为之。句首的未知信息能吸引阅读者的兴趣,让阅读者产生好奇:"咦,这是什么?"这是文学作品吸引阅读者的技巧之一。

"起承转结"类的文章最擅长运用这类技巧。

起:大阪纱线店姐妹花。

承:姐十八,妹十六。

转:诸国首领弓箭杀敌。

结:纱线双姝秋波斩郎。

以"姐妹花"为"起","承"则接"姐、妹"的信息。"转"中的未知信息"诸国首领"放在句首激发了阅读者的兴趣,让阅读者感到好奇。这样一来,"结"中的收尾效果就会更好。

但是商务类文章中不能使用这种技巧。如果商务类文章用"起承转结"的方式撰写,阅读者在"转"的部分必然会莫名其妙:"这是什么意思?乱七八糟!"阅读兴趣也会荡然无存。

商务类文章要将"结"写在前,用结果和结论吸引阅读者的兴趣。阅读者只有知道这个内容很重要,才会产生继续阅读的兴趣。

7.5 注意事项

由已知写到未知，需要注意以下几点。

· 即使有啰唆之嫌，也要将已知信息放在句首。

· 写作过程中时刻做到由已知写到未知。

· 已知信息可以不是上一句中出现的信息。

· 关联信息也可以看成已知信息。

● 即使有啰唆之嫌，也要将已知信息放在句首

按照由已知写到未知的方法撰写句子，不用担心句子会过于啰唆。使用由已知到未知的连接方法，同一个词会同时出现在前句句末和后句句首，难免会显得啰唆。但是，只有这种单词接力的方式，才能最大限度地避免歧义。写作者认为再清晰不过的信息顺序，对于阅读者来说未必如此。对于商务类文章，哪怕十名阅读者中只有一人产生误解，写作者也需要向这一名阅读者解释清楚。

● 写作过程中时刻做到由已知写到未知

写作者在写作过程中要时刻注意由已知写到未知。也就是说，写作者要在写作过程中时刻确保将已知信息放在句首，而不

是写完之后再检查。只有做到这一点才能提高写作速度。刚开始练习时可能有难度，但是一旦养成这个习惯，写作速度就会飞速提升。

● 已知信息可以不是上一句中出现的信息

已知信息不一定非得是上一句中出现的信息。两三句前出现的信息，也可以看作已知信息。已知信息是心智模型确认过的信息。关键词等关键信息一旦在阅读者的脑中被激活后，就会在大脑中保留一段时间。所以，前几句中的内容也可以看成已知信息。三种类型之一的展开型，就是在隔了几句话后才将概要句中出现的关键词放在句首作为已知信息。

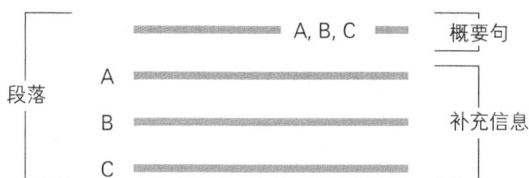

● 关联信息也可以看成已知信息

已知信息可以不是前句中出现的同一信息。只要是前句中出现过的关联信息，都可以看成已知信息。因为关联信息也已经过心智模型的确认。例如，前句如果出现了"计算机"，那么后句就可以将"键盘"放在句首。不过，只有所有阅读者都能建立关联的信息，才能将其看成关联信息。

7.6　反例和修改范例

● 反例：句子没有依照由已知写到未知的方式撰写

下文中，只有第三句话没有依照由已知到未知的方式撰写。

①知识管理，指通过共享个人掌握的信息的方式提高生产效率的经营方法。②这里所说的信息不仅仅是数据，还包括"该怎么做"等方法层面的知识。③ Yahoo! 网站的"知识袋"和 goo 网站的"教教我"等问答平台，就是网络上知识管理的典型代表。④知识管理能够提高集体的生产效率，提高决策速度，提升业务水平。⑤因此，包括美国企业在内的很多企业都采用了这种经营模式。⑥知识管理运用在企业中的最好例子，就是收集投诉反馈、问题解决方案、公司内部论文等过往所有的案例和文件，然后建立一个可供员工搜索的网络平台。

● **修改范例**

　上例中的第三句话可如下修改。

> 知识管理的典型代表，就是 Yahoo! 网站的"知识袋"和 goo
>
> 网站的"教教我"等问答平台。

专栏 >>> 日常短信中的补充信息也很重要

逻辑类文章中的补充信息，可以增强文章的说服力和逻辑性。在日常短信中添加补充信息，同样也能提高短信的质量。

假设大家私下都会弹奏乐器打发时间。现在，大家决定举办一场演奏会。大家花费时间租音乐厅、制作门票。你也邀请了一位好友来听这场演奏会。

演奏会结束后，这位朋友发来了一条短信："谢谢邀请我来听演奏会，我很开心。"大家看到这条短信会怎么想？

我可能会这么想：

"他在演奏会上一点儿也不开心，只是碍于情面才来。估计他觉得演奏会很无聊。"

为什么我会这么想？因为"我很开心"四个字缺乏说服力。

增加一点儿补充信息后这条短信就有了说服力。

"演奏会的第二首曲子我自己也演奏过，我演奏时的感受是……但是，今天你的演奏却让我体会到了完全不一样的感觉……而且……演奏中加了长笛让人耳目一新。"

7.7 理解与练习

下文中有几处的信息顺序有误，请按照由已知到未知的顺序修改这篇文章。

①急速变化的现代社会，急需个人能力突出的人才。②业绩优秀的人所具备的独特的思维方式、行为模式，就是个人能力。③个人能力突出的人能够发现自身问题，不断挑战新难题和新目标。④而且他们还能带领身边的人解决问题。

⑤企业招聘中明确对个人能力的重视，可以刺激优秀人才的求职意愿。⑥招聘中对个人能力的具体要求，其实就是招聘岗位的工作内容和工作要求。⑦很多人担心入职岗位和自身能力不匹配，如果事先了解工作内容和能力要求就可以减少这种担心。⑧顾虑没有了，优秀人才自然会积极应聘。⑨N出版社出版的《就业白皮书2012》的调查结果显示，求职者求职时最希望了解的是"具体的工作内容"，这也从侧面证明了上文的观点。

注：带圈的数字序号是为了方便解说而添加的，与文章内容无关。

● 由已知写到未知

---

①急速变化的现代社会，急需个人能力突出的人才。②**个人能力**指的是"业绩优秀的人所具备的独特的思维方式、行为模式"。③个人能力突出的人，能够发现自身问题，不断挑战新难题和新目标。④而且他们还能带领身边的人解决问题。

⑤企业招聘中明确对个人能力的重视，可以刺激优秀人才的求职意愿。⑥招聘中对个人能力的具体要求，其实就是招聘岗位的工作内容和能力要求。⑦**明确工作内容和能力要求，**求职者就不会担心自身能力和岗位不匹配的问题。⑧顾虑没有了，合适的优秀人才自然会积极应聘。⑨**这一点**在一项调查中也得到了印证，该项调查显示求职者求职时最希望了解的信息是"具体的工作内容"（N 出版社《就业白皮书2012》）。

● 解说

　　第二句的开头，不应该是"业绩优秀的人"，而应该是"个人能力"。"业绩优秀的人"不是第一句话里的信息。把第一句话中出现过的"个人能力"放在第二局的开头，可以让文章更流畅。

第七句话的开头，不应该是"虽然很多人担心入职后的岗位和自身能力不匹配"，而应该是"明确工作内容和能力要求"。因为"虽然很多人担心入职后的岗位和自身能力不匹配"，是前文中未曾出现过的信息。以"明确工作内容和能力要求"开头，就实现了从已知信息到未知信息的连接。

第九句话的开头，不应该是"N 出版社出版的《就业白皮书2012》"，而应该是"这一点"。因为"N 出版社出版的《就业白皮书 2012》"是首次出现的信息，应该放在句末。参考文献在文末用括号标出，也符合由已知写到未知的写作顺序。

最后，第八句的开头中，"顾虑没有了"属于同义词型的关联信息，所以也算已知信息。"顾虑没有了"对应的是第七句句末的"不会担心"。顾虑和担心属于同义词，所以算已知信息。就像这样，即使前后句中词不完全一致，但同义词等类型的关联信息，也能起到已知信息的作用。

商务写作实战

本部分将以未经整理的原始信息为基础，来实际撰写各种商务类文章。只有能将未经整理的原始信息转为一篇完整的文章，才能算作是段落写作法的实战演练。

前文中的找出问题、修改反例的练习，不足以提高实际的写作能力。因为在实际的商务活动中，我们的工作不是修改别人的文章，而是将原始数据和信息整理成文。例如，对于备忘录、实验数据或我们脑海中的想法，我们必须要将这些原始数据和信息，转化成纸面上的文章。

因此，为提高实际的写作能力，第 3 章将通过三篇文章的写作实例，展示如何将原始数据转化为一篇文章。数据就像记下的笔记信息，在将其转化为文章时，必须要进行正确分类和排序。

1 通知

1.1 背景信息

　　平成制药公司计划为一款新升级口服液策划宣传活动。请撰写一份文件（公司内部正式发文），通知相关人员宣传活动的细节，并请求相关部门员工通力合作。

　　· 主打强身健体的"OlovitanB 口服液"，升级换代后重返市场。"OlovitanB 口服液"是平成制药公司的主打产品之一，市场占有率遥遥领先其他同类产品。产品升级换代后，希望能在激烈的市场竞争中继续保持领先优势。

　　· 平成制药公司计划围绕"OlovitanB 口服液"开展大规模宣传活动。此次宣传活动的宗旨和概要，已通过《OlovitanB口服液营销计划》（文件编号：HPCD-1234）告知大家。本次通知除向各科室介绍此次宣传活动的细节外，还要呼吁大家配合此次宣传活动。

· "新·OlovitanB 口服液"的广告主题曲已进入热歌榜的前列。根据数据企划公司的调查显示，78% 的受访者在听到这首主题曲后，会在脑海中联想到"新·OlovitanB 口服液"。因此作为此次宣传活动的重要环节之一，销售部的电话彩铃都要更换为"新·OlovitanB 口服液"的广告主题曲。

· 彩铃的准备和设置工作由销售部企划科负责，彩铃的启用时间定为 4 月 1 日（周二）零时。

· 员工接听外部来电时要使用规定用语："感谢致电，我们是生产'新·OlovitanB 口服液'的平成制药公司。"

· 电话销售活动从 4 月 1 日（周二）开始，为期三个月，和产品的宣传期一致。

· 员工在工作期间，包括外出跑业务，都要穿印有"新·OlovitanB 口服液"图案的夹克衫或 T 恤衫。除非是必要的正式场合，否则员工不得穿西服外套。此举可以向客户宣传公司的产品。员工穿着产品主题的夹克衫或 T 恤衫走街串巷，也是一种对产品的宣传活动。图 1 为夹克衫照片，图 2 为 T 恤衫照片（照片省略）。

· 夹克衫和 T 恤衫有不同尺寸（S、M、L），将按科室人数发放。各科室要在 2 月 28 日前，将本科室人员的具体信息，以邮件形式发送给销售部企划科的铃木（邮箱地址：suzuki@hf.com）。

· 销售人员的名片采用印有"新·OlovitanB 口服液"图案的新设计。与客户交换名片时，员工要说："我是生产'新·OlovitanB 口服液'的平成制药公司销售部 ×× 科的 ××。"

· 新名片每人 100 张，使用完后请以 100 张为单位按正常手续重新申请。新名片只在三个月的宣传期内使用。图 3 为新名片的设计方案。宣传期结束后将继续使用旧名片，所以不要扔掉旧名片（新名片设计方案图省略）。

· 为更好地宣传产品，销售人员外出跑业务时要积极派发样品。除了促销人员在街头派发样品外，销售人员也要在跑业务和拜见客户时积极派发样品。派发对象和时机请各位自行判断，原则上应在交换名片时将样品递给客户。

· 样品派发活动在产品的宣传期内实施。每个科室的派发量为 600 瓶。样品派发完毕后，请邮件联系销售部企划科的田中（邮箱地址：tanaka@hf.com）领取新样品。

1.2　范例

序

随着"OlovitanB 口服液"的升级换代，公司将从 4 月 1 日（周二）起开展为期三个月的大规模宣传活动〔参照《OlovitanB 口服液营销计划》（文件编号：HPCD－1234）〕。宣传细节已确定，现发放给各科室，希望得到各科室的配合。

概要

本次宣传活动主要有以下四项举措。

· 穿印有"新·OlovitanB 口服液"图案的夹克衫 /T 恤衫。

· 销售业务过程中派发样品。

· 电话用语和电话彩铃中添加"新·OlovitanB 口服液"
的元素

· 名片中添加"新·OlovitanB 口服液"的元素

另外，请在 2 月 28 日前将本科室所需夹克衫 /T 恤衫数量、
尺寸，以邮件形式发送至销售部企划科的铃木。

穿印有"新·OlovitanB 口服液"图案的夹克衫 /T 恤衫

员工在工作期间，包括外出跑业务，都要穿印有"新·
OlovitanB 口服液"图案的夹克衫（图 1，图省略）或 T 恤衫
（图 2，图省略）。除非是必要的正式场合，否则员工不得穿西
服外套。此举可以向客户宣传公司产品。员工穿着产品主题
的夹克衫或 T 恤衫走街串巷，也是一种对产品的宣传活动。

夹克衫和 T 恤衫，请按以下要求用邮件联系负责人领取。

联系人：销售部企划科 铃木（suzuki@hf.com）

联系事项：尺寸（S、M、L），件数

派发样品

销售人员外出跑业务时要积极派发样品。 派发对象和时

机请各位自行判断，原则上应在交换名片时将样品递给客户。样品递给客户后，要向客户详细介绍"新·OlovitanB口服液"。在销售活动中，销售人员要灵活发挥样品的作用。

样品每个科室 600 瓶。样品派发完毕后，请按以下要求用邮件联系负责人领取。

联系人：销售部企划科 田中（tanaka@hf.com）

联系事项：需要的数量

电话用语和电话彩铃中添加"新·OlovitanB口服液"的元素

员工要在电话用语和电话彩铃中加入"新·OlovitanB口服液"的元素。员工接听外部来电时要说："感谢致电，我们是生产'新·OlovitanB口服液'的平成制药公司。"销售部的电话彩铃更换为"新·OlovitanB口服液"的广告主题曲。这首主题曲已进入热歌榜的前列，而且78%的受访者表示听到这首曲子后，会在脑海中联想到"新·OlovitanB口服液"（参照数据企划公司数据），宣传效果良好。

彩铃的更换和设置由销售部企划科负责。各科室无须单独更换。新彩铃将在4月1日（周二）零时正式启用。

名片中添加"新·OlovitanB 口服液"的元素

销售人员要使用添加了"新·OlovitanB 口服液"元素的名片（**图3，图省略**）。请销售人员在业务活动中充分发挥名片的宣传作用。宣传期结束后将继续使用旧名片，所以请勿扔掉旧名片。

名片每人 100 张。使用完后请按以下要求用邮件联系负责人领取。

联系人：销售部企划科 铃木（suzuki@hf.com）

领取数量：100 张

1.3 解说

下面来检查本文是否遵循了段落写作法的七大规则，检查时尤其需要注意以下三点。

· 总论是否使用了经典模板。

· 段首是否为概要句。

· 段落间结构是否为展开型，是否按重要程度排序。

● 规则 1：文章开头先写总论

本文为正式文章，所以总论可采用经典模板。将宣传活动按重要程度排序，需要立刻联系的事宜也可以在总论中说明。

将信息按照目的和概要两个段落进行分类归纳。

目的段	
现状或背景	开展"新·OlovitanB 口服液"的大规模宣传活动
问题或必要性	省略（为顺利、高效地开展宣传）
目的	通知细节并希望得到各科室的配合
概要段	
结论和概括句	宣传活动包括四项举措
重要信息 1	穿印有"新·OlovitanB 口服液"图案的夹克衫 /T 恤衫
重要信息 2	派发样品
重要信息 3	电话用语和电话彩铃中添加"新·OlovitanB 口服液"的元素
重要信息 4	名片中添加"新·OlovitanB 口服液"的元素
重要信息 5	各科室需要的夹克衫和 T 恤衫的尺寸和数量，要在 2 月 28 日前联系销售部企划科的铃木

切记，信息按重要程度排序。本文中，可以按照宣传活动的效果进行排序。不过，仅靠上文中的文字信息，我们无法准确判断哪项举措最有效。所以，这里我们可以按照自己认为的有效性程度来排序。

明确重要信息，要求各科室联系相关负责人，告知所需夹克衫和 T 恤衫的尺寸和数量。写作者若希望阅读者采取某项行动，就要在总论中明确说明。如果只写在分论中，那么有可能会被阅读者忽视。像"使用完后请再次申请"等非紧急信息就可以放在分论中。

本文由四个层次构成，但由于层次内容简单，所以不需要层次的总论。本文中每项举措都分别使用了两个段落进行说明。因此，这四项举措都可以看成是由几个段落组成的层次。但由于每个层次只有两段，粗略看一遍就能掌握主要内容，所以可以省略层次的总论。

● 规则 2：每段只阐述一个主题

总论中提到的重要信息，按顺序在各分论中分别论述。每段以 4 ~ 8 句话为佳，这个长度能确保阅读者一眼就看懂段落的逻辑（如下所示）。

·穿夹克衫 /T 恤衫

　　□ 举措宗旨和细节

　　□ 发放和领取

· 派发样品

　□ 举措宗旨和细节

　□ 发放和领取

· 改变电话用语和彩铃

　□ 举措宗旨和细节

　□ 设置

· 使用新名片

　□ 举措宗旨和细节

　□ 发放和领取

● 规则 3：段落开头先写概要句

阅读者可以通过段落的首句理解全段的逻辑。只要段落概要句写得恰当，阅读者就可以仅凭概要句读懂段落的逻辑（如下所示）。

> · 员工在工作期间，包括外出跑业务，都要穿印有"新·OlovitanB 口服液"图案的夹克衫（图 1）或 T 恤衫（图 2）。
>
> · 夹克衫和 T 恤衫，请按以下要求用邮件联系负责人领取。

208

> - 销售人员外出跑业务时要积极派发样品。
>
> - 样品每个科室 600 瓶。
>
> - 员工要在电话用语和电话彩铃中加入"新·OlovitanB 口服液"的元素。
>
> - 彩铃的更换和设置由销售部企划科负责。
>
> - 销售人员要使用添加了"新·OlovitanB 口服液"元素的名片（图 3）。
>
> - 名片每人 100 张。

● 规则 4：补充信息强化主题

概要句之后，可以从"什么意思""为什么这么说""有多重要"等方面，来进一步说明段落的主题。"员工在工作期间，包括外出跑业务，都要穿印有'新·OlovitanB 口服液'图案的夹克衫或 T 恤衫"这句话之后，要从"什么意思"的角度详细说明穿什么样的夹克衫和 T 恤衫，以及什么情况下穿。"销售人员外出跑业务时要积极派发样品"这句话之后，也要从"什么意思"的角度详细说明派发样品的效果以及派发场合。

● **规则 5：衔接前后段落**

按逻辑的结构连接各个段落。尤其要做到总论和分论相对应。

本文中的分论各段的连接情况如下图所示。 分论中使用了"横向并列"的方式详细说明了四项举措。每项举措中的两个段落则使用了"纵向连接"。

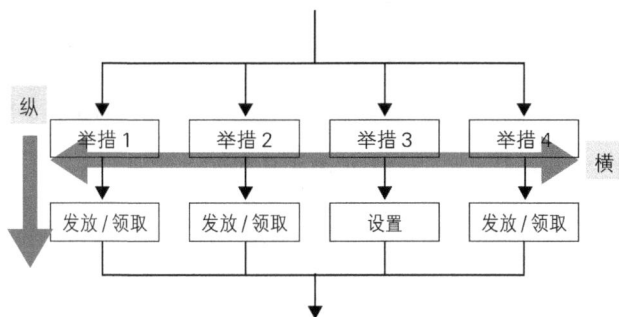

纵 | 横

| 举措 1 | 举措 2 | 举措 3 | 举措 4 |
| 发放 / 领取 | 发放 / 领取 | 设置 | 发放 / 领取 |

上图中的连接关系要尽可能体现在段落的概要句中。

举措1：员工在工作期间，包括外出跑业务，都要穿印有"新·OlovitanB 口服液"图案的夹克衫^A（图1，图省略）或 T 恤衫（图2，图省略）。夹克衫和 T 恤衫^A，请按以下要求用邮件联系负责人领取。

举措2：销售人员外出跑业务时要积极派发样品^B。

样品^B每个科室各600瓶。

举措3：员工要在电话用语和电话彩铃^C中加入"新·OlovitanB 口服液"的元素。

彩铃^C的更换和设置由销售部企划科负责。

举措4：销售人员要使用添加了"新·OlovitanB 口服液"元素的名片^D（图3，图省略）。

名片^D每人100张。

本文中的总论和分论中各个段落的对应，属于展开型结构（见下图）。总论中简要介绍四项举措，分论中各用两段分别阐述四项举措的具体细节。

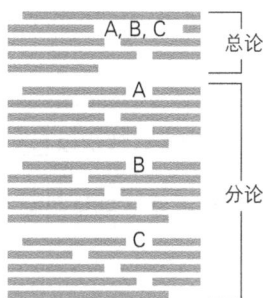

● 规则 6: 统一段落表达

尽量保证介绍四项举措的各个段落表达一致。本文中的四项举措各有两段说明，第一段介绍了举措的详细情况，第二段则说明了相关物品的发放和领取事宜。

● 规则 7：由已知写到未知

　　段落中的句子，按照由已知到未知的顺序来撰写。例如"派发样品"这一段中的每句话都以已知信息开头。因为这一段说的都是销售活动，所以第四句开头的"在销售活动中"也可以看成已知信息。

・销售人员外出跑业务时要积极派发样品。

・派发对象和时机请各位自行判断，原则上应在交换名片时将样品递给客户。

・样品递给客户后，要向客户详细介绍"新・OlovitanB口服液"。

・在销售活动中，销售人员要灵活发挥样品的作用。

专栏 >>> 段落写作法在演讲中的作用

本书介绍的是写作方法，但这些方法也同样适用于演讲。

首先，在做演讲时也要确保"开头先说总论"。演讲要在开始的 30 秒内传递重要信息。因为所有观众都会听头 30 秒的内容，如果在 30 秒内能说明白结果和结论，就能引发观众的兴趣。

其次，在 PPT（演示文稿）中，要确保一页 PPT "只论述一个主题"。段落以 4 ~ 8 句话为佳，PPT 同理。不能在一页 PPT 中塞进两个主题。如果一页 PPT 说不完一个话题，就可以将该话题分层，多用几页 PPT（多个段落）。

最后，在 PPT 中，要确保"段落开头先说概要句"。翻到一页新的 PPT 后，就要立刻阐述该页 PPT 的主题，接着用数据论证，最后再强调一遍主题。虽然演示者知道每页 PPT 的要点，但是观众并不清楚。如果将演示主题放在最后，那么就不利于观众理解 PPT 的内容。

2 技术报告

2.1 背景信息

　　某打印机公司销售的一款打印机频繁出现故障，请撰写一篇故障原因分析报告，并提出解决方案。

- 2012 年春销售的办公用数码复合机（DC1201BL）在双面印刷时经常发生卡纸故障。售后中心已接到 12 起相关咨询。

- 检测发现，公司规定的产品卡纸率应控制在 0.02% 以内，但这款产品的卡纸率高达 2.3%。

- 卡纸主要发生在纸张翻面时。

- 首先排除硬件原因。检测人员检查了打印机进纸辊和出纸辊，发现辊子外观无异常，尺寸符合设计规范，均使用指定零部件。硬件部分无问题，一切正常。

· 接着，检测人员检测了其他模式下是否会出现异常。结果发现产品只在双面打印时出现异常，双面复印时正常。因此，检测人员怀疑问题不在硬件而在软件。

· 检测人员开始测试控制纸张翻面的信号发送时间。正常情况下信号发送有 5 ms ~ 10 ms 的偏差，但这款产品的偏差高达 40 ms 以上。

· 软件分析结果发现，故障原因是控制纸张翻面的操作优先级设置过低。打印控制器和机身控制器之间的通信优先级，高于控制纸张翻面操作的优先级。这使得机身控制器与纸张翻面操作之间的通信负荷较重，导致纸张翻面产生了延迟。打印控制器和机身控制器间是否会发生通信，将会影响纸张翻面的信号发送时间。

· 为解决以上问题，检测人员修改了软件设置，提高了控制纸张翻面的操作优先级，最终成功将卡纸率降到了 0.02% 以下。

· 产品上市前没有发现这个问题，是因为检测人员只进行了复印测试，没有进行打印测试。

· 因此，公司修改了相关规定，要求在今后的产品检测中，必须检测所有功能在所有模式下的运行情况。

2.2 范例

序

2012 年春销售的办公用数码复合机（DC1201BL）在双面印刷时经常发生卡纸故障。售后中心已接到 12 起相关咨询。针对以上情况，检测人员检查了卡纸原因并提出了解决方案。

结论

故障原因是控制纸张翻面的操作优先级设置过低。检测人员修改软件设置，提高了控制纸张翻面的操作优先级，最终成功将卡纸率降到公司规定范围以内。为避免类似故障再次发生，公司修改了产品测试的规定。

故障确认

本故障为纸张翻面时出现的卡纸问题，只发生在双面打印模式下。

检测人员进行故障测试后，发现双面打印时的卡纸率超过公司规定的 100 倍以上。公司规定的产品卡纸率应控制在 0.02% 以内，但这款产品的卡纸率高达 2.3%（见下表，表省略）。

双面打印时的卡纸故障，主要在纸张翻面时发生（见下图，图省略）。翻面时的卡纸故障，占到总卡纸故障的 92%（见下表，表省略）。

双面打印模式下卡纸率过高（见下表，表省略）。同样是双面印刷，双面复印模式下则无异常。

原因锁定

只有双面打印模式下发生异常的主要原因是，软件操作优先级设置错误。软件分析结果发现，故障原因是控制纸张翻面的操作优先级设置过低。打印控制器和机身控制器之间的通信优先级，高于控制纸张翻面操作的优先级。这使得机身控制器与纸张翻面操作之间的通信负荷较重，导致纸张翻面产生了延迟。因此，打印控制器和机身控制器之间的通信，导致纸张翻面信号的发送产生了高达 40 ms（正常为 5 ms ~ 10 ms）的偏差。

另外，硬件运行正常（详见附件资料，附件省略）。硬件部分，主要按以下项目检查了进纸辊和出纸辊。

· 外观是否异常

· 尺寸是否符合设计规范

· 是否使用指定零部件

解决方案和测试

检测人员修改软件设置，提高了控制纸张翻面的操作优先级后，产品运行正常。卡纸率降至 0.02% 以内（参照下表，表省略）。

预防措施

    对于产品运行情况的检测，公司修改了相关规定，要求必须检测所有功能在所有模式下的运行情况。 产品上市前没有发现这个问题，是因为检测人员只进行了复印测试，没有进行打印测试。因此，公司修改了规定，要求对于同一项功能，除了要测试复印模式，也要测试打印模式。不仅要检测双面印刷的功能，还要检测所有功能在所有模式下的运行情况。

2.3　解说

    下面来检查本文是否遵循了段落写作法的七大规则，检查时尤其需要注意以下三点。

- ·总论是否使用了经典模板。
- ·每段是否有补充信息。
- ·各段落是否采用了接续型的连接方式来说明故障原因。

● 规则 1：文章开头先写总论段

    本文为正式文章，总论可使用经典模板。重要信息按重要程度排序。在层次结构上，每一个层次也需要总论。

将信息按照目的和概要两个段落进行分类归纳。

目的段	
现状或背景	双面复印时经常发生卡纸故障。售后中心已接到
问题或必要性	12 起相关咨询
目的	检测卡纸原因，提出解决方案
概要段	
结论和概括句	原因是控制纸张翻面的操作优先级设置过低
重要信息 1	提高了控制纸张翻面的操作优先级后，卡纸率降至公司规定范围内
重要信息 2	为避免类似故障再次发生，公司修改规定

总论只写重要信息。不重要的信息可以写在分论中，不需要出现在总论中。不重要的信息出现在总论中会掩盖重要信息。本文分论中的故障确认，各项硬件正常等内容重要性不高，可以不用在总论中出现。

切记，信息应按重要程度排序。本文的"原因锁定"中分了软件和硬件两个段落，软件原因应首先论述。虽然工作人员首先检测的是硬件，但报告顺序不必和检测顺序一致。不过，如果公司报告的惯例就是先硬件后软件，那就遵循公司惯例。

本文具有层次结构，有必要撰写层次的总论。本文的"故障确认"是一个层次，所以写了一段层次的总论。但是"原因锁定"这一层没有总论，因为这一层次只有两段，即使没有总论阅读者也能迅速理解该层次内容。

● 规则 2：每段只阐述一个主题

总论中提到的重要信息，按顺序在各分论中分别论述。每段以 4 ~ 8 句话为佳，这个长度能确保阅读者一眼就看懂段落的逻辑（如下所示）。

· 故障确认

卡纸率超过公司规定的 100 倍以上。

卡纸主要发生在纸张翻面时。

卡纸只在打印模式下发生。

· 原因锁定

软件操作的优先级设置错误。

硬件正常。

· 解决方法和测试

· 预防方案

● 规则 3：段落开头先写概要句

阅读者可以通过段落的首句理解全段的逻辑。只要段落概要句写得恰当，阅读者就可以仅凭概要句读懂段落的逻辑（如下所示）。

· 本故障为纸张翻面时出现的卡纸问题，只发生在双面打印模式下。

· 检测人员进行故障测试后，发现双面打印时的卡纸率超过公司规定的 100 倍以上。

· 双面打印时的卡纸故障，主要在纸张翻面时发生。

· 双面打印模式下卡纸率过高。

· 只有双面打印模式下发生异常的主要原因是，软件操作优先级设置错误。

· 另外，硬件运行正常。

· 检测人员修改软件设置，提高了控制纸张翻面的操作优先级后，产品运行正常。

· 对于产品运行情况的检测，公司修改了相关规定，要求必须检测所有功能在所有模式下的运行情况。

● 规则 4：补充信息强化主题

概要句之后，可以从"什么意思""为什么这么说""有多重要"等方面，来进一步说明段落的主题。"双面打印模式下卡纸率过高"这句话之后，就要从"为什么这么说"的角度列举出卡纸率的相关数据。"只有双面打印模式下发生异常的主要原因是，软件操作优先级设置错误"这句之后，也要从"为什么这么说"的角度说明锁定这个原因的理由并列举相关数据。

● 规则 5：衔接前后段落

按逻辑的结构连接各个段落。尤其要做到总论和分论相对应。

本文中的分论各段的连接情况如下页图所示。

224

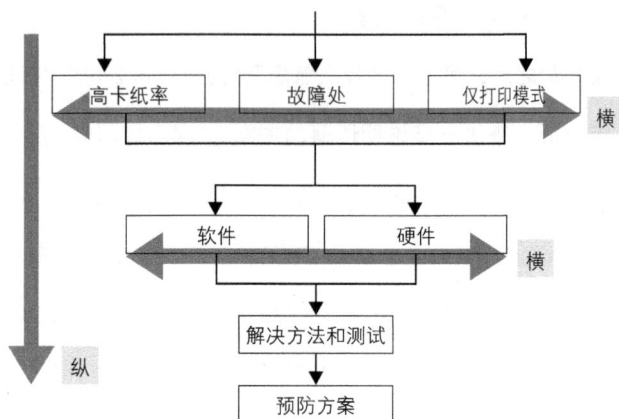

纵向连接的信息请按照接续型的方式（参照右图）撰写。全文遵循了"故障确认"→"原因锁定"→"解决方法和测试"→"预防方案"的接续型流程。

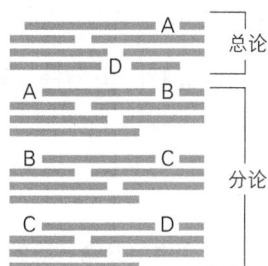

- <u>本故障</u>[A] 为纸张翻面时出现的卡纸问题，只发生在<u>双面打印模式</u>[B] 下。
- 只有<u>双面打印模式</u>[B] 发生异常的主要原因是，<u>软件</u>[C] 操作优先级设置错误。

- 检测人员修改软件 ^C 设置，提高了控制纸张翻面的操作优先级后，产品运行正常 ^D。

- 对于产品运行情况的检测，公司修改了相关规定，要求必须检测所有功能在所有模式下的运行情况 ^D。

各层次中的各个段落，按逻辑结构连接。 对于本文的"故障确认"这一层，通过概要句可以判断该层各段的连接方式为"横向并列"。该层的总论和分论结构属于展开型（参照右图）。

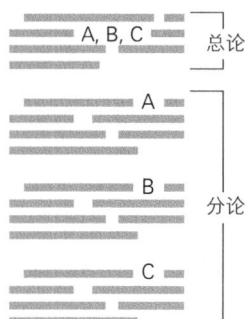

- 本故障 ^A 为纸张翻面时 ^B 出现的卡纸问题，只发生在双面打印模式 ^C 下。

- 检测人员进行故障 ^A 测试后，发现双面打印时的卡纸率超过公司规定的 100 倍以上。

- 双面打印时的卡纸故障，主要在纸张翻面时 ^B 发生。

- 双面打印模式 ^C 下卡纸率过高。

● 规则 6：统一段落表达

统一各个并列段落的表达。本文的"故障确认"这一层中共
有三个段落。每个段落都由概要句以及支撑数据构成。

如果并列的各段的重要性有差别，则无须统一表达。本文
的"原因锁定"这一层的两段就没有统一表达。因为产品的软件
有问题，但硬件没有问题。如果强行统一，重要段落反而会不够
突出。

● 规则 7：由已知写到未知

段落中的句子，按照由已知到未知的顺序来撰写。例如"原
因锁定"段落就使用了"接续型"的方式来撰写，读起来非常
易懂。

· 只有<u>双面打印模式</u>[A]发生异常的主要原因是，<u>软件操作的
  优先级设置错误</u>[B]。
· 分析<u>软件</u>[B]设置发现，控制纸张翻面操作的<u>优先级低于</u>[C]
  打印控制器和机身控制器间的通信。
· <u>这</u>[C]使得机身控制器与纸张翻面操作之间的通信负荷较重，

导致纸张翻面产生了延迟 D。

- 因此 D，打印控制器和机身控制器之间的通信，导致了纸张翻面信号的发送产生了高达 40 ms（正常为 5 ms ~ 10 ms）的偏差 E。

3 公司对外文书

3.1 背景信息

　　某家电销售公司接到一位顾客关于如何挑选吸尘器的咨询。该公司的吸尘器分气旋式和尘盒式两种，这位顾客咨询应该购买哪种。请针对这位顾客的咨询，写一篇文章回复他。

· 尘盒式吸尘器，即传统的使用纸质尘盒的吸尘器。尘盒相当于分离灰尘和空气的过滤网。清理垃圾时需更换新尘盒。

· 气旋式吸尘器，其原理是让吸入的空气呈气旋状高速旋转，通过离心力分离灰尘和空气。吸进的垃圾进入尘盒中，灰尘则由过滤网吸收。尘盒可重复使用。

· 对于气旋式吸尘器，使用者在打开尘盒倾倒垃圾时容易触碰到垃圾，而且容易造成尘土飞扬的情况。另外，由于使用者可以直接看到尘盒中的垃圾，所以用吸尘器吸到虫子时可能会让一部分使用者感到不适。

· 尘盒式吸尘器需要定期更换尘盒，更方便卫生。尘盒中的垃圾，2 ~ 3 个月倾倒一次即可。

· 气旋式吸尘器的集尘盒容量小，1 ~ 2 周就需要倾倒一次垃圾并清洗尘盒。

· 尘盒式吸尘器吸进的空气会经过尘盒之后再排出，所以有时会产生异味。气旋式吸尘器吸进的空气排出时不会经过尘盒，排气无异味。

· 尘盒式吸尘器的尘盒中的垃圾过多时，会降低吸尘器的吸力，吸力最多会下降 50%。气旋式吸尘器排出空气时不经过尘盒，所以吸力不会因尘盒中的垃圾过多而下降。

· 气旋式吸尘器需要清理过滤网。尘盒式吸尘器的尘盒就相当于过滤网，无须清理。

· 尘盒式吸尘器需要花费成本和时间购入替换尘盒。气旋式吸尘器不需要更换尘盒，但气旋式吸尘器的价格普遍比尘盒式吸尘器高两到三成。

· 尘盒式吸尘器密闭性好，吸力强。气旋式吸尘器的吸力比尘盒式吸尘器低 20% 左右，但是由于气旋式吸尘器的吸力不会在使用中下降，所以总的来看其吸力也很高。

3.2 范例

感谢您的咨询。尘盒式吸尘器成本低，垃圾倾倒方便，维护成本低。气旋式吸尘器吸力更优，排气无异味。请您根据实际需求选购。

尘盒式吸尘器的基本原理

尘盒式吸尘器吸入的空气，经过尘盒之后再排出，实现了垃圾和空气分离。无论是体积较大的垃圾还是细微的灰尘，尘盒式吸尘器都可以吸干净。倾倒垃圾时需更换新尘盒。

气旋式吸尘器的基本原理

气旋式吸尘器，让吸入的空气呈气旋状高速旋转，通过

离心力分离灰尘和空气。体积较大的垃圾进入尘盒中，无法离心分离的灰尘则由过滤网吸收。清理时只需倾倒尘盒中的垃圾即可。尘盒可重复使用。

成本

　　尘盒式吸尘器价格便宜。整体来说，尘盒式吸尘器的价格比气旋式吸尘器便宜两成左右。定期更换尘盒每年大约需要花费 600 日元。使用周期在五年以内的情况下，尘盒式吸尘器的总体花费更低。

垃圾倾倒

　　尘盒式吸尘器倾倒垃圾方便卫生。尘盒式吸尘器倾倒垃圾时只需要扔掉尘盒。您在清理过程中既看不到也触碰不到垃圾，即使吸到虫子也不会让您产生任何不适。气旋式吸尘器需要打开尘盒倾倒垃圾，容易触碰到垃圾，有时还会造成尘土飞扬的情况。有的顾客很反感看到吸尘器中的垃圾。

维护

尘盒式吸尘器维护简单。2 ~ 3 个月倾倒一次垃圾即可。气旋式吸尘器由于尘盒容量小，1 ~ 2 周就必须倾倒一次垃圾，此外还需要定期清洗集尘盒、清理过滤网。

吸力

气旋式吸尘器吸力更优。气旋式吸尘器吸入的空气不经过尘盒，所以吸力不会因尘盒中垃圾过多而下降。尘盒式吸尘器吸入的空气需经过尘盒，随着尘盒中垃圾的增多，吸力会逐渐下降，最大会下降 50%。尘盒式吸尘器由于封闭性好，所以吸力较大。但是考虑到其吸力在使用过程中会不断下降，所以整体而言还是气旋式吸尘器的吸力更优。

排气

气旋式吸尘器排气更洁净。气旋式吸尘器排气不经过尘盒，所以排气无异味。尘盒式吸尘器吸入的空气要经过积满垃圾的尘盒排出，有时会产生异味。

> **总结**
>
> 　综上所述，若您看重成本低、易维护，我们向您推荐尘盒式吸尘器。若您看重吸力大、无异味，我们向您推荐气旋式吸尘器。

3.3　解说

　下面来检查本文是否遵循了段落写作法的七大规则，检查时尤其需要注意以下三点。

　　· 总论是否灵活运用了经典模板。

　　· 段落的开头是否为概要句。

　　· 各个段落是否统一了表达。

● **规则 1：文章开头先写总论段**

　本文为非正式文章，文章总论可以灵活运用经典模板。重要信息按重要程度排序。由于本文的层次结构较为简单，所以可以省略层次的总论。

　本文的总论可以参照经典模板，用 2 ~ 3 句论述完整（参照下页表）。

目的段	
现状或背景	省略（顾客咨询）
问题或必要性	省略（满足顾客需要）
目的	省略（说明二者差异）
概要段	
结论和概括句	请根据实际需要选购
重要信息 1	尘盒式吸尘器成本低，垃圾倾倒方便，维护成本低
重要信息 2	气旋式吸尘器吸力更优，排气无异味

　　本文的总论只有一段，所以结论和总括句可以放在段末。本文的总论不需要目的段，因此只需要一个概要段即可。如果使用总论的经典模板，那么结论和总括句就变成了文章开头。为避免这种情况，可以将结论和总括句放在段末，毕竟段落末尾也有强调作用。

　　切记，信息应按重要程度排序。请站在顾客角度比较两种吸尘器的优缺点。尘盒式吸尘器和气旋式吸尘器无明显的优劣之分，所以谁先谁后不重要。

本文省略了层次的总论。严格来说，本文包含了类型说明和特性说明两个层次，每个层次都应单独设置总论。但由于本文的逻辑较为简单，所以无须特意强调层次结构。若想强调类型说明，这一层的总论也不过是"吸尘器大体分尘盒式和气旋式两种"这样简单的一句话。若想强调特性说明，这一层的总论和全文的总论几乎相同，所以没有必要重复。

● **规则 2：每段只阐述一个主题**

总论中提到的重要信息，按顺序在各分论中分别论述。每段以 4～8 句话为佳，这个长度能确保阅读者一眼就看懂段落的逻辑（各段主题如下）。

· 尘盒式吸尘器的基本原理

· 气旋式吸尘器的基本原理

· 成本

· 垃圾倾倒

· 维护

· 吸力

· 排气

236

● 规则 3：段落开头先写概要句

阅读者可以通过段落的首句理解全段的逻辑。只要段落概要句写得恰当，阅读者就可以仅凭概要句读懂段落的逻辑。

- 尘盒式吸尘器吸入的空气，经过尘盒之后再排出，实现了垃圾和空气分离。

- 气旋式吸尘器，让吸入的空气呈气旋状高速旋转，通过离心力分离灰尘和空气。

- 尘盒式吸尘器价格便宜。

- 尘盒式吸尘器倾倒垃圾方便卫生。

- 尘盒式吸尘器维护简单。

- 气旋式吸尘器吸力更优。

- 气旋式吸尘器排气更洁净。

● 规则 4：补充信息强化主题

概要句之后，可以从"什么意思""为什么这么说""有多重要"等方面，来进一步说明段落的主题。"尘盒式吸尘器吸入的空气，经过尘盒之后再排出，实现了垃圾和空气分离"这句话之后，要从"什么意思"的角度详细介绍尘盒式吸尘器。"气旋式吸尘器吸力更优"这句之后，要从"为什么这么说"的角度说明吸力强的原因并列举相关数据。

● **规则 5：衔接前后段落**

按逻辑的结构连接各个段落。尤其要做到总论和分论相对应。

本文中的分论各段的连接情况如下页图所示。全文中的类型说明和特点说明使用了"纵向连接"的方式。类型说明中的尘盒式和气旋式为"横向并列"的方式。特性说明中的各项特性为"横向并列"。类型说明和特性说明也可以分别分层，但由于本文的结构较简单，所以无须构建新的层次。

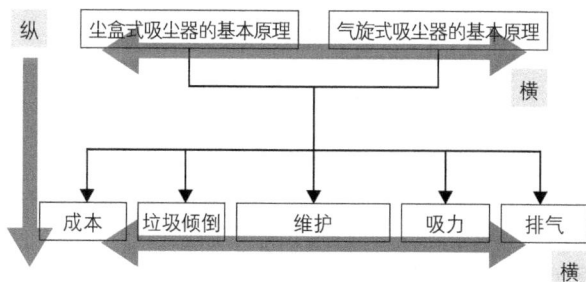

总论和分论的连接方式属于展开型（见下图）。

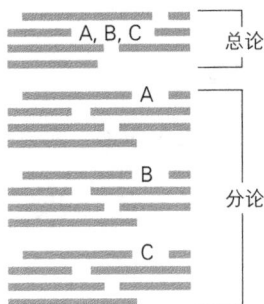

- 尘盒式吸尘器成本低[A]，垃圾倾倒[B]方便，维护成本[C]低。气旋式吸尘器吸力[D]更优，排气[E]无异味。
- 尘盒式吸尘器价格便宜[A]。
- 尘盒式吸尘器倾倒垃圾[B]方便卫生。
- 尘盒式吸尘器维护[C]简单。
- 气旋式吸尘器吸力[D]更优。
- 气旋式吸尘器排气[E]更洁净。

● **规则 6：统一段落表达**

统一各并列段落的表达。 本文中"尘盒式吸尘器的基本原理"和"气旋式吸尘器的基本原理"的两个段落都遵循了以下顺序。

· 原理

· 吸入垃圾的方式

· 倾倒垃圾的方式

● 规则 7：由已知写到未知

段落中的句子，按照由已知到未知的顺序来撰写。例如"垃圾倾倒"就遵循了已知到未知的顺序。这段中出现的"尘盒式吸尘器"和"气旋式吸尘器"都属于已知信息。

· 尘盒式吸尘器 [A] 倾倒垃圾 [B] 方便卫生。

· 尘盒式吸尘器 [A] 倾倒垃圾时只需扔掉尘盒。

· 您在清理过程中既看不到也触碰不到垃圾 [B]，即使吸到虫子也不会让您产生任何不适。

· 气旋式吸尘器 [C] 需要打开尘盒倾倒垃圾，容易触碰到垃圾 [B]，有时还会造成尘土飞扬的情况。

· 有的顾客很反感看到吸尘器中的垃圾 [B]。

结　语

我在教写作时经常有人问我："为什么日本的大学不教逻辑类文章的写作方法呢?"我认为原因有二。

首先，日本文化并不重视沟通交流。日本是农耕国家（定居型），民族成分单一，所以日本文化是高语境文化（high-context culture）。这种文化的特点就是人们不擅长明确表达情感，而善于察言观色。因此，"清晰传达"这一行为在日本不怎么受重视。

其次，在大学开设逻辑写作课程的阻力较大。日本有一大半的大学老师没有学过正确的写作方法。如果给学生开设写作课程，那么大学老师也就不得不使用正确的方法去写作，否则他们就会陷入不够格教学生的尴尬境地。但是，大部分老师不愿意放弃之前的写作习惯。这就成了普及正确写作方法的阻力之一。

希望本书能为改变日本写作教育的现状略尽绵薄之力。

仓岛保美

2012 年 11 月

版 权 声 明

图灵教育·职场技能图书

《番茄工作法图解：简单易行的时间管理方法》

[瑞典] 史蒂夫·诺特伯格　著，大胖　译

《单核工作法图解：事多到事少，拖延变高效》

[瑞典] 史蒂夫·诺特伯格　著，大胖　译

《如何开会不添堵：消除拖延、误解与对抗的沟通协作术》

[日] 榊卷亮　著，丁灵　译

《懒人图解传播术："疯传"的逻辑与技术》

林长扬　著